mes années
POURQUOI

Paris

texte de
Christophe Tranchant

illustrations de
Benjamin Bécue
Pierre Caillou
Julien Castanié
Hélène Convert
Camille Roy

MiLAN

Le sommaire

Paris, c'est quoi ? — 6

- Le plan de Paris — 8
- Une ville immense — 10
- Bienvenue dans la capitale — 12
- Paris en grand — 13
- Vivre à Paris — 14
- Se déplacer à Paris — 16
- À table, les Parisiens ! — 18
- Voyons voir… — 20

Paris au fil de l'eau — 22

- Un fleuve : la Seine — 24
- Une ville, deux îles — 26
- Les ponts de Paris — 28
- De l'eau pour les Parisiens — 30
- De l'eau partout — 32
- Voyons voir… — 34

Paris, rive droite — 36

- De la Concorde au Louvre — 38
- Le musée du Louvre — 40
- Le Palais-Royal — 42
- Les Champs-Élysées — 44
- Montmartre — 46
- Le parc de la Villette — 48
- La Cité des sciences — 49
- Les incontournables de la rive droite — 50
- Voyons voir… — 52

Paris, rive gauche 54

- Le jardin du Luxembourg 56
- Le Jardin des plantes 58
- La grande galerie de l'Évolution 60
- La tour Eiffel 62
- Les incontournables de la rive gauche 64
- Voyons voir… 66

Aux quatre coins de Paris 68

- Paris vue d'en haut 70
- Les plus beaux jardins parisiens 72
- Des animaux dans toute la ville 74
- Le Paris caché 76
- Le Paris merveilleux 78
- Le Paris effrayant 79
- Le Paris exotique 80
- Des idées par milliers 82
- Voyons voir… 84

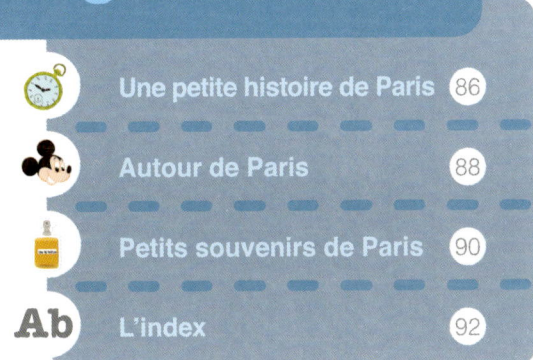

Pages mémoire

- Une petite histoire de Paris 86
- Autour de Paris 88
- Petits souvenirs de Paris 90
- L'index 92

écrire — Tous les noms de cette imagerie sont présentés avec leur article défini. Pour aider votre enfant à mieux appréhender la nature des mots, les verbes et les actions sont signalés par un cartouche.

? — Pour vérifier les acquis et permettre à votre enfant de s'évaluer, une double page « Voyons voir… » est présente à la fin de chaque grande partie.

Les « Pages mémoire », en fin d'ouvrage, présentent un récapitulatif de savoirs fondamentaux.

Ab — Retrouvez rapidement le mot que vous cherchez grâce à l'index en fin d'ouvrage.

Note de l'éditeur : Par souci de lisibilité, nous avons fait le choix de ne pas indiquer l'adresse des lieux cités. Vous les trouverez facilement sur Internet ou sur un plan. Pour certains lieux, nous avons néanmoins indiqué entre parenthèses leur arrondissement.

En bas de chaque planche se trouvent des renvois vers d'autres pages traitant d'un sujet complémentaire. Ainsi, vous pouvez varier l'ordre de lecture et mieux mettre en relation les savoirs.

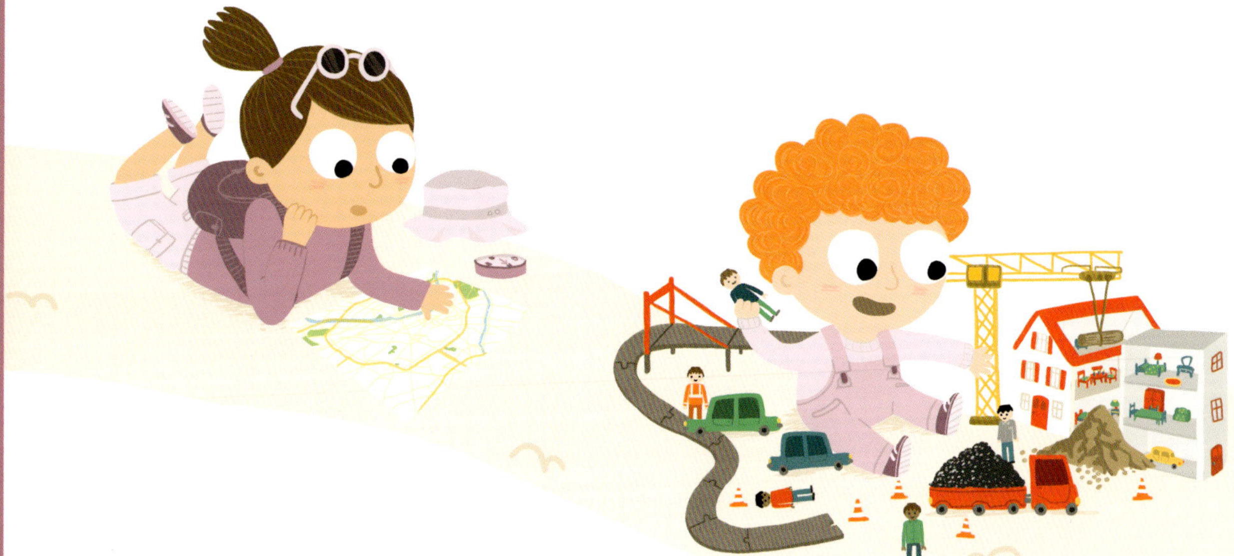

Paris, c'est quoi ?

Le plan de Paris

Paris compte beaucoup de monuments et est entourée par le périphérique.

- le Sacré-Cœur
- la Grande Arche de la Défense
- la gare Saint-Lazare
- le parc Monceau
- l'Opéra Garnier
- le palais de l'Élysée
- le bois de Boulogne
- la Concorde
- les Tuileries
- l'Arc de triomphe
- le Louvre
- la Seine
- la tour Eiffel
- les Invalides
- la tour Montparnasse
- le Sénat
- le Trocadéro
- Roland-Garros
- le Champ-de-Mars
- le métro aérien
- la gare Montparnasse
- le jardin du Luxembourg
- le périphérique embouteillé
- le parc Montsouris

C'est quoi, un arrondissement ?

Paris est immense ! Pour mieux s'y repérer, on l'a découpée en vingt morceaux, appelés des *arrondissements*.

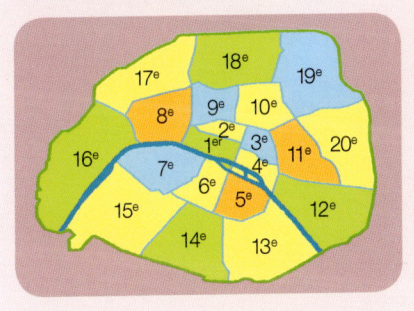

Chaque arrondissement a son numéro, de 1 à 20, et sa propre mairie. Comme une petite ville dans la grande !

Pour connaître leur ordre, facile ! Pars du 1er, au centre de Paris, et tourne en rond, un peu comme la coquille d'un escargot.

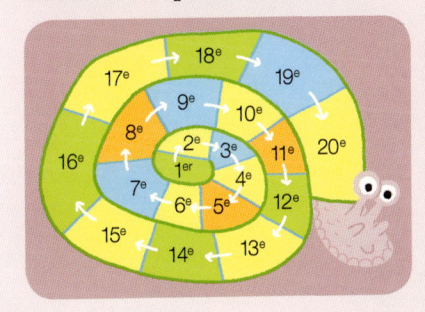

Carte de Paris

- le Stade de France
- la Villette
- ROISSY
- le canal de l'Ourcq
- la gare du Nord
- la gare de l'Est
- les Buttes-Chaumont
- Centre Pompidou
- l'Hôtel de Ville
- Belleville
- les puces
- le cimetière du Père-Lachaise
- le Jardin des plantes
- l'Opéra-Bastille
- la gare de Lyon
- la gare de Bercy
- la gare d'Austerlitz
- la Grande Mosquée
- Disneyland Paris
- ORLY

Paris en grand 13
Autour de Paris 88

Une ville immense

De longues avenues, des immeubles partout : normal, Paris est la ville la plus peuplée de France !

la France et Paris

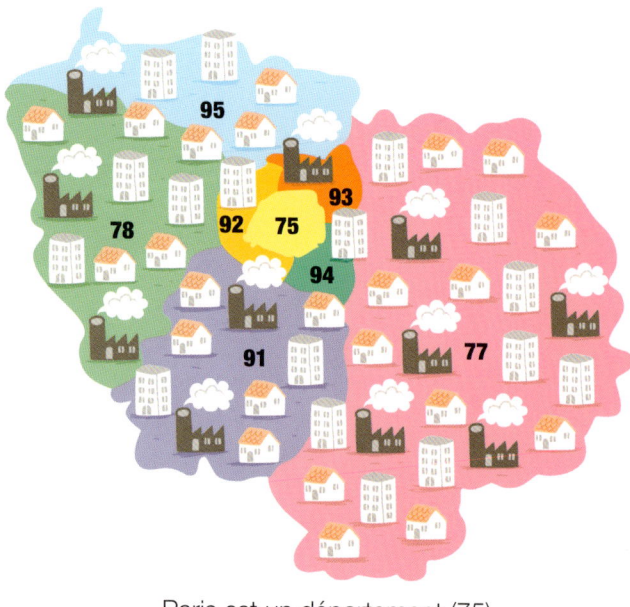

Paris est un département (75) à l'intérieur de la Région Île-de-France

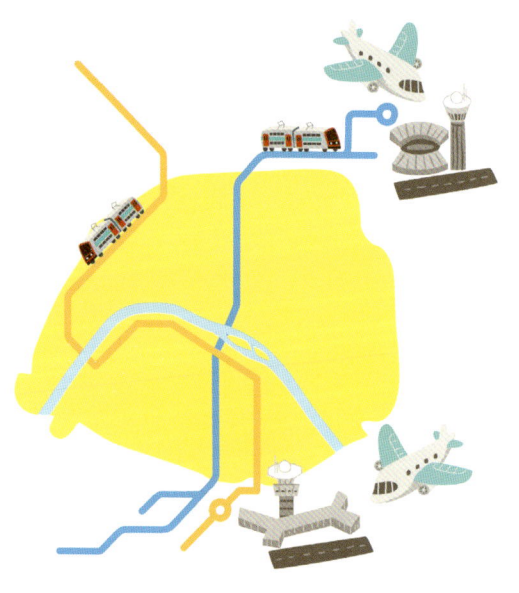

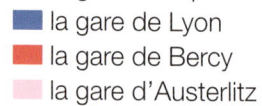

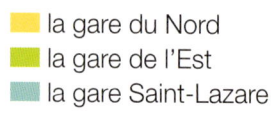

les deux aéroports, Roissy-Charles-de-Gaulle et Orly, reliés par des RER

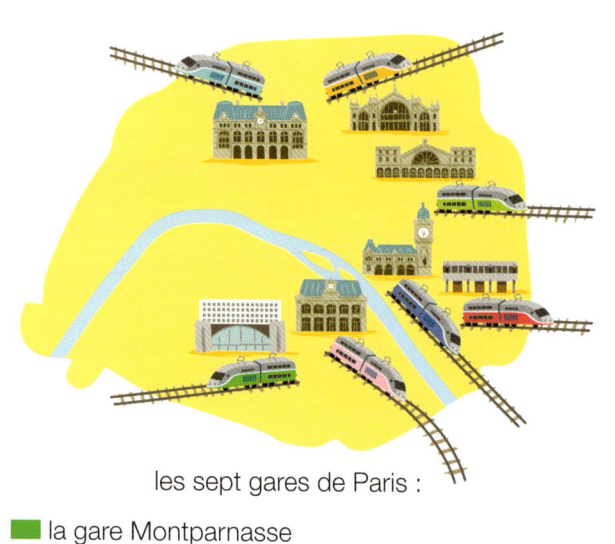

les sept gares de Paris :

- la gare Montparnasse
- la gare de Lyon
- la gare de Bercy
- la gare d'Austerlitz
- la gare du Nord
- la gare de l'Est
- la gare Saint-Lazare

le périphérique, une longue route qui fait le tour de Paris (plus de 35 km)

la rue Vaugirard, la plus longue rue de Paris (plus de 4 km)

plus de 2 millions de Parisiens

plus de 300 écoles maternelles et plus de 300 écoles élémentaires

plus de 27 millions de touristes par an

C'est quoi, un touriste ?

À Paris, il y a des Parisiens : ce sont les habitants qui vivent tout le temps dans la ville. Ils y dorment et y travaillent.

On dit que Paris est la plus belle ville du monde. Alors, beaucoup de gens habitant ailleurs viennent la visiter : ce sont des touristes.

Parisiens et touristes ici, les rues sont toujours pleines de monde ! Et toi, es-tu un petit Parisien ou un touriste en visite ?

Vivre à Paris 14
Autour de Paris 88

🇫🇷 Bienvenue dans la capitale

Une capitale est une ville où les « chefs » d'un pays travaillent. En France, la capitale est… Paris !

Le président de la République habite et travaille à l'Élysée. On appelle sa compagne la « première dame de France ».

Le président de la République est le chef de la France.

Le Premier ministre travaille à l'hôtel Matignon. Il est aidé par de nombreux ministres.

Les députés travaillent à l'Assemblée nationale. Ils discutent et votent les lois.

Les sénateurs travaillent au Sénat. Ils étudient et votent les lois.

Paris en grand

Fêtes, musées, expositions…
ici tout est plus grand qu'ailleurs !

le défilé du 14 Juillet
sur les Champs-Élysées

l'immense
feu d'artifice

des musées par centaines

des spectacles par milliers

À quoi sert le maire ?

As-tu déjà vu l'hôtel de ville de Paris ? Non, ce n'est pas un endroit pour dormir ! C'est là que travaille le maire.

Le maire est le chef de la ville. Il décide des routes à réparer, des écoles à construire, s'occupe des parcs ou des travaux.

Paris est si grande que le maire a des maires adjoints pour se faire aider. Connais-tu le nom du maire de ta ville ?

Le plan de Paris 8

Vivre à Paris

Les enfants vont à l'école à pied, dans leur quartier. Les grands vont travailler à scooter ou à vélo, en bus ou en métro…

les toits en zinc

l'école de quartier

aller à l'école

se déplacer à trottinette

l'agent municipal

le policier

le panneau d'information

les amoureux

la colonne Morris

se déplacer en rollers

la station de Vélib'

le pigeon

le coureur à pied

aller travailler à Vélib'

le square

l'immeuble en pierre de taille

le bar de quartier

le rémouleur

être pris dans les embouteillages

la bouche de métro

héler un taxi

aller travailler en métro

Où sont les maisons ?

As-tu remarqué qu'il y a très peu de maisons à Paris ? Presque tout le monde habite dans de hauts immeubles !

Dans les villes, il y a plus de travail que dans les campagnes. Beaucoup de gens veulent y habiter… mais il y a peu de place.

On préfère construire en hauteur, pour loger plus de gens. Mais, si tu cherches bien, Paris cache aussi de jolies petites maisons…

Se déplacer à Paris 16
Le Paris caché 76

🚕 Se déplacer à Paris

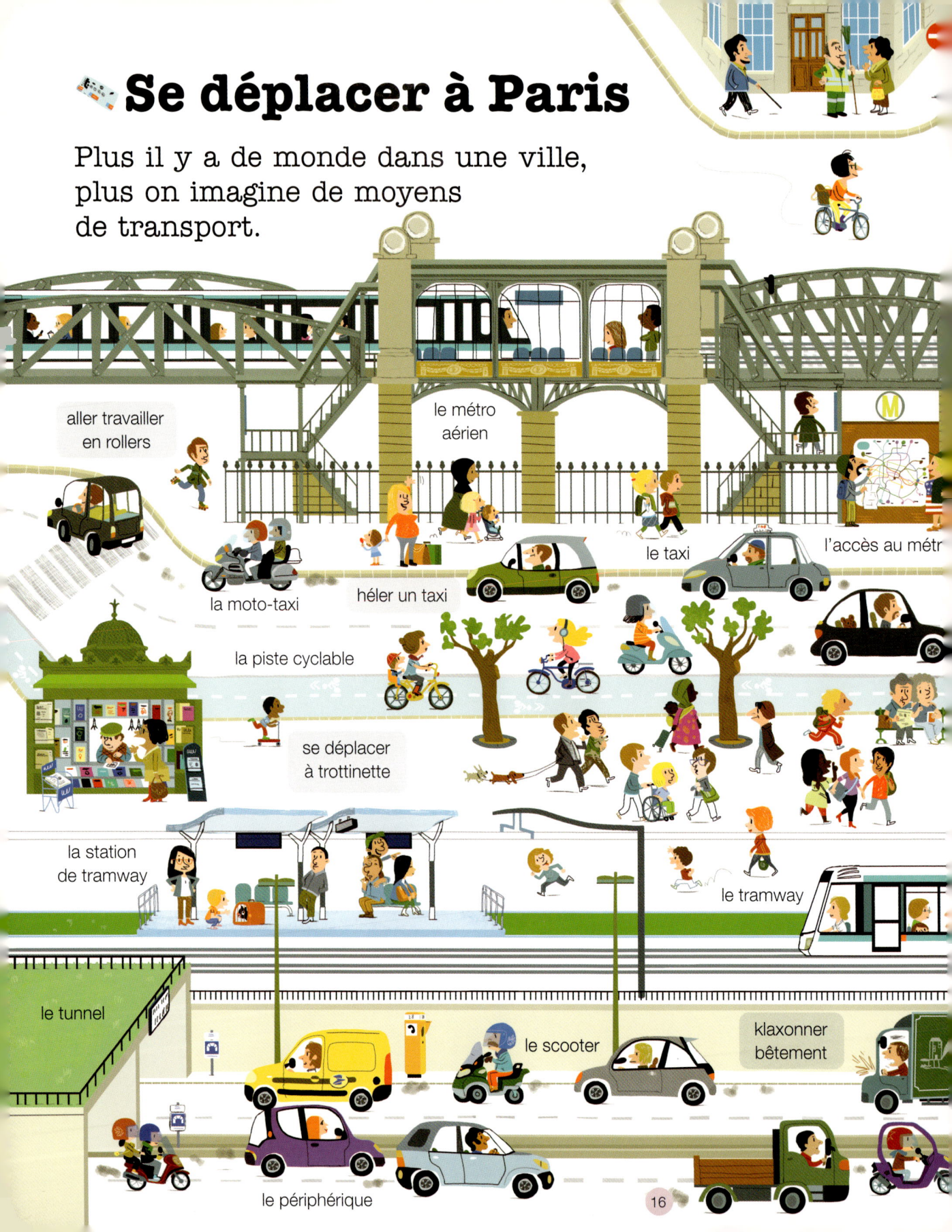

Plus il y a de monde dans une ville, plus on imagine de moyens de transport.

aller travailler en rollers

le métro aérien

l'accès au métro

la moto-taxi

héler un taxi

le taxi

la piste cyclable

se déplacer à trottinette

la station de tramway

le tramway

le tunnel

le scooter

klaxonner bêtement

le périphérique

Comment se repérer dans le métro ?

la station d'Autolib'

la voiture électrique

le bus

la station de Vélib'

marcher

la circulation

As-tu déjà pris le métro, ce drôle de train qui permet de traverser tout Paris en restant presque toujours sous terre ?

Il y a 16 lignes de métro. Chacune porte un numéro et une couleur. Des arrêts réguliers permettent de descendre où on veut.

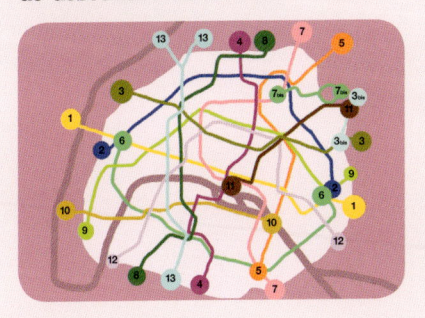

Si tu prends la ligne 14, va à l'avant de la rame. Tu auras une drôle de surprise : il n'y a pas de chauffeur !

Vivre à Paris 14

À table, les Parisiens !

Avec tous ses magasins et restaurants, cette ville ressemble vraiment à un garde-manger géant !

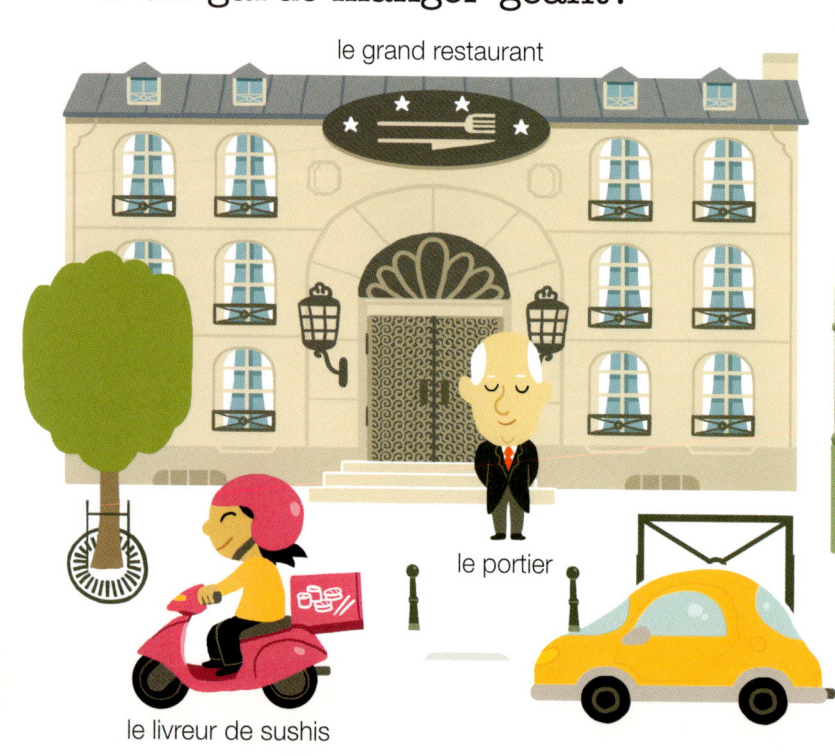

le traiteur japonais

le grand restaurant

le SDF

le portier

le livreur de sushis

la brasserie

l'ardoise du menu

le glacier   l'épicerie fine   le client   le garçon de café

les paris-brest

le saint-honoré

la brioche parisienne

les éclairs

la pâtisserie

les macarons

faire ses courses

le vendeur de marrons chauds

le petit marché

les pains entiers

les baguettes

les pavés de pain

le croque-monsieur

le prix de la meilleure baguette de Paris

la boulangerie

les touristes

C'est quoi, un « grand restaurant » ?

Ce n'est pas un restaurant où il y a beaucoup de place ! C'est un restaurant où l'on prépare des plats exceptionnels et rares.

Les chefs sont de vrais artistes, un peu comme les peintres ou les musiciens. Mais, leur art à eux, c'est la cuisine !

Tout est joli à regarder, les goûts sont étonnants, et les prix... très chers ! Sais-tu que la France est connue pour ses grands chefs ?

Le Paris exotique 80

Voyons voir...

Ces monuments très connus attirent des gens du monde entier.
Est-ce que tu les reconnais ?

À Paris, il y a deux grands opéras, mais ils ne se ressemblent pas du tout.
À ton avis, lequel est le plus ancien ?

Peux-tu nommer ces moyens de transport ?

As-tu déjà aperçu une colonne comme ça à Paris ?
Sais-tu comment elle s'appelle et à quoi elle sert ?

Trois erreurs se sont glissées dans cette image.
Les vois-tu ?

Observe cette image et trouve
les trois transports en commun différents.

Et toi, est-ce que tu prends le bus ou le métro parfois ?
Comment vas-tu à l'école ?

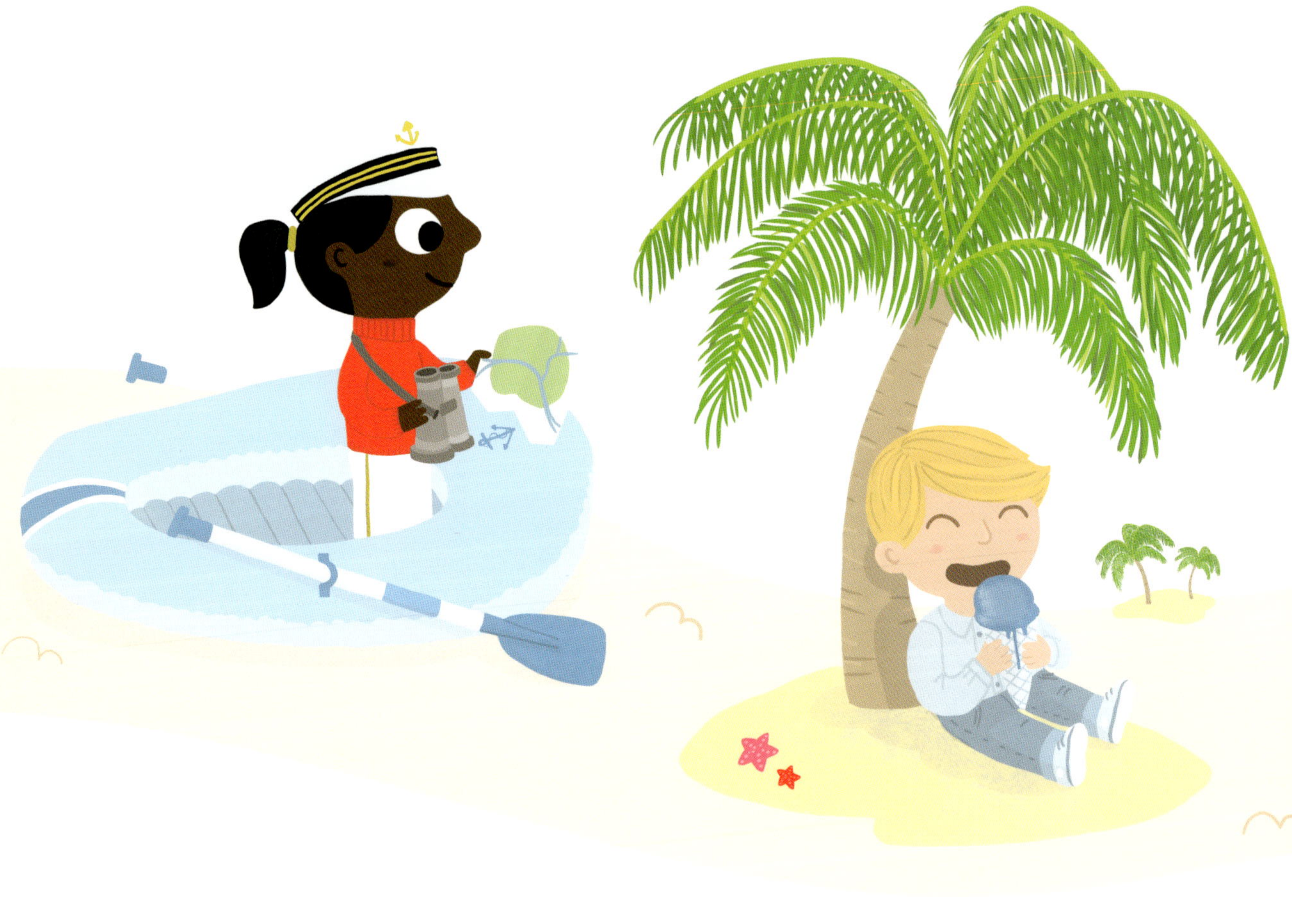

Paris
au fil de l'eau

Un fleuve : la Seine

La Seine est un très long fleuve. Elle traverse toute la ville et coupe Paris en deux.

la circulation automobile

le pont Alexandre-III

la brigade fluviale

la Seine

les touristes

le bateau-mouche

la péniche qui transporte du sable

la police fluviale

la verrière du Grand Palais

la berge

le quai

le pêcheur

les pompiers de Paris

la péniche de plaisance

Y a-t-il des mouches sur les bateaux parisiens ?

As-tu entendu parler des bateaux-mouches ? Non, ils ne sont pas pleins d'insectes : c'est le nom des bateaux pour touristes !

Leur drôle de nom vient du quartier où ils étaient fabriqués il y a longtemps : le quartier des Mouches… dans la ville de Lyon !

Aujourd'hui, ces bateaux proposent des croisières sur la Seine pour découvrir Paris. En as-tu déjà pris un ?

Le plan de Paris **8**
De l'eau partout **32**

25

Une ville, deux îles

Au cœur de Paris se trouvent deux îles rattachées par un pont : la grande île de la Cité et la petite île Saint-Louis.

- le pont au Change
- le pont Notre-Dame
- le pont d'Arcole
- la Conciergerie
- l'Hôtel-Dieu
- le square du Vert-Galant
- la place Dauphine
- la Sainte-Chapelle
- le Palais de Justice
- l'île de la Cité
- le Pont-Neuf
- la préfecture de police
- le pont Saint-Michel
- le Petit-Pont

le pont Louis-Philippe

le pont Marie

le pont Sully

la rue Saint-Louis-en-l'Île

l'île Saint-Louis

le pont Saint-Louis

le pont de la Tournelle

Notre-Dame de Paris

le pont de l'Archevêché

le pont au Double

À quoi sert l'étoile de Notre-Dame ?

Si tu te promènes sur le parvis de la cathédrale Notre-Dame, cherche bien sur le sol et tu trouveras une drôle d'étoile.

Regarde bien, il est écrit tout autour de l'étoile : « POINT ZÉRO DES ROUTES DE FRANCE ».

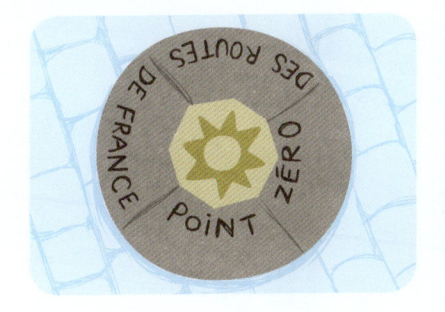

À partir de ce point, on mesure les distances entre Paris et les autres villes. Sais-tu à combien de kilomètres se trouve ta ville ?

Les ponts de Paris 28
Autour de Paris 88

Les ponts de Paris

Trente-sept ponts permettent de passer d'une rive à l'autre : Paris est vraiment une ville d'eau !

les petits cadenas des amoureux

la passerelle des Arts, le pont préféré des touristes (1er et 6e)

le pont de Bir-Hakeim, à deux étages (15e et 16e)

le pont de l'Alma et son zouave (7e et 8e)

la passerelle Simone-de-Beauvoir, le dernier-né des ponts parisiens (12e et 13e)

le pont Saint-Louis et ses artistes (4e)

le pont Alexandre-III et ses belles statues dorées (7e et 8e)

les bouquinistes le long des quais

Quel est le plus vieux pont de Paris ?

Sais-tu que le plus vieux pont de Paris s'appelle en fait… le Pont-Neuf ? Au centre de Paris, il traverse l'île de la Cité.

Il a été bâti il y a près de 400 ans ! C'était à l'époque le premier pont avec des trottoirs et sans maisons construites dessus.

Ce pont a été voulu par le roi Henri III. Mais c'est son cousin, Henri IV, qui finira sa construction. Cherche sa statue sur le pont !

Une petite histoire de Paris 86

De l'eau pour les Parisiens

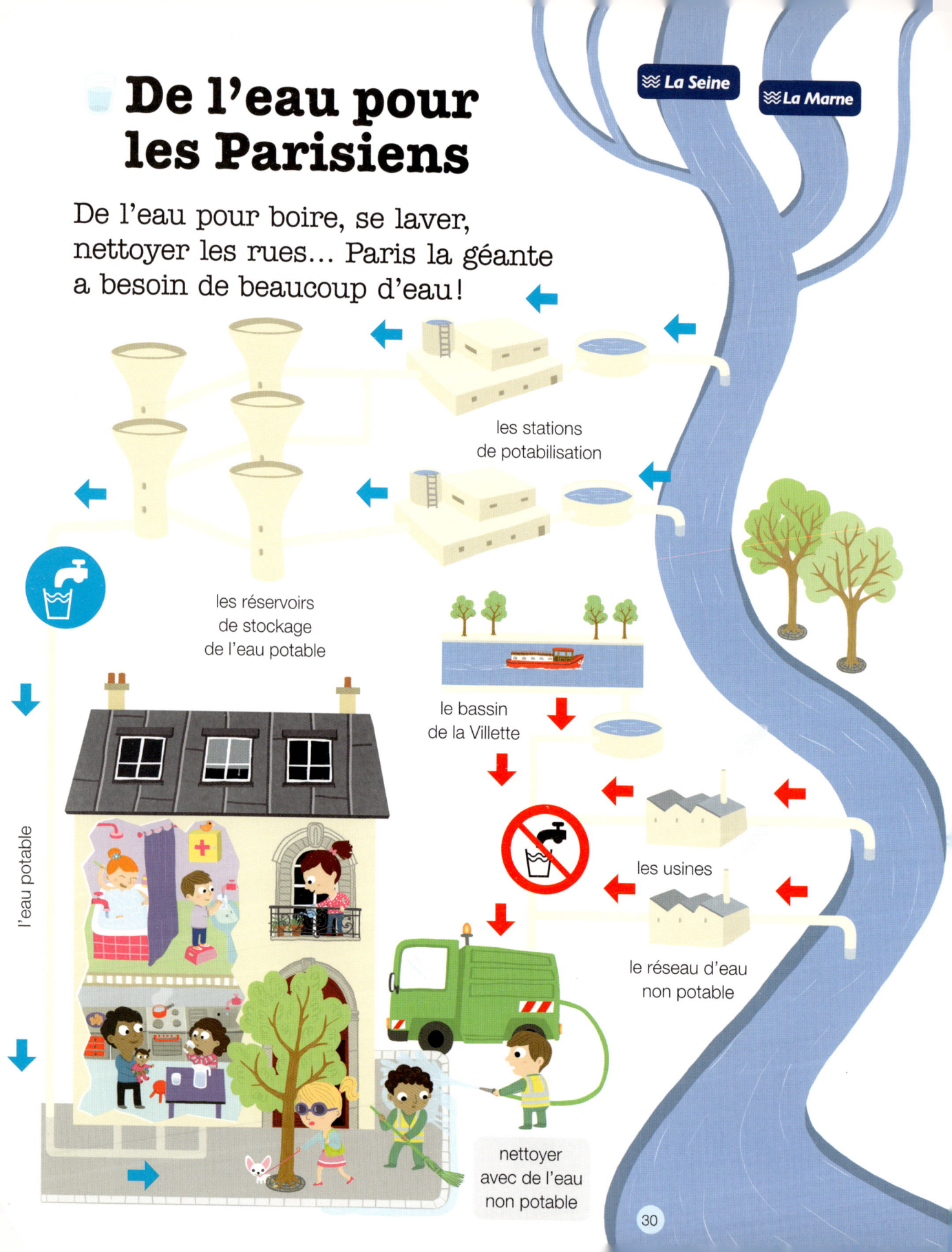

De l'eau pour boire, se laver, nettoyer les rues... Paris la géante a besoin de beaucoup d'eau !

La Seine

La Marne

les stations de potabilisation

les réservoirs de stockage de l'eau potable

l'eau potable

le bassin de la Villette

les usines

le réseau d'eau non potable

nettoyer avec de l'eau non potable

la fontaine Wallace

la fontaine de l'an 2000

la source naturelle
du square de la Madone (18e)

la fontaine d'eau gazeuse
La Pétillante (12e)

le regard Saint-Martin, accès
à une vieille canalisation (20e)

la fontaine Stravinsky, de Jean Tinguely
et Niki de Saint Phalle (4e)

Et si
tu allais sous terre ?

Si tu as envie de découvrir les égouts de Paris… c'est possible ! Leur entrée se trouve près du pont de l'Alma (7e).

Dans ce drôle de musée, un parcours permet de marcher dans quelques galeries et de comprendre comment fonctionnent les égouts.

Wagons, bateaux, boules de curage, maquettes : regarde partout ! Tu verras qu'il y a même le nom des rues situées juste au-dessus.

Le Paris effrayant **79**

De l'eau partout

Piscines, fontaines, cascades, canaux :
à Paris, il y a beaucoup d'eau...
et même un port !

le pont tournant de la rue Dieu (10e)

le canal Saint-Martin et ses écluses (10e et 11e)

le canal de l'Ourcq (19e)

le port de l'Arsenal, à Bastille (12e)

les jets d'eau du parc André-Citroën (15e)

la cascade des Buttes-Chaumont (19e)

le lac du bois de Vincennes (12e)

la piscine Joséphine-Baker, amarrée à un quai (13e)

la piscine de la Butte-aux-Cailles (13e)
et son eau de source ferrugineuse

Paris-Plages, sur les quais de la Seine

Comment savoir sur quelle rive on est ?

Prends une carte de Paris. Tu verras que la Seine partage Paris en deux : d'un côté la rive droite, de l'autre la rive gauche.

Un fleuve part de sa source et s'écoule vers la mer. Pour savoir sur quelle rive tu es, facile ! Commence par chercher un pont.

Regarde vers où l'eau coule. Du côté de ta main gauche c'est la rive gauche, et du côté de ta main droite la rive droite !

Un fleuve : la Seine 24

Voyons voir…

Il y a trente-sept ponts à Paris, mais aucun ne ressemble à un autre. Relie les deux parties de chaque pont.

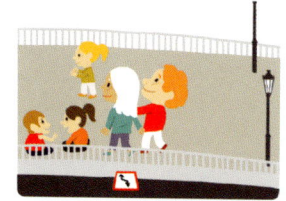

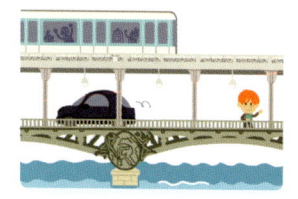

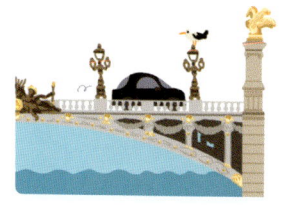

Observe cette image.

D'où vient l'eau du robinet dans la salle de bains ?
Pourquoi peut-on la boire ?
Que font ces messieurs en vert et jaune ?
Utilisent-ils la même eau que la famille ?
Pourquoi ?

Quelles sont les différences entre ces trois bateaux ?
À quoi servent-ils ?

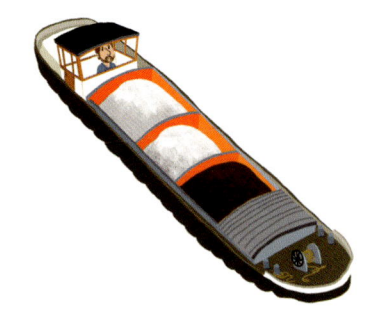

Que font ces Parisiens ? Décris leurs activités.

À Paris, on peut se reposer dans de grands espaces verts.
On se croirait presque à la campagne parfois !

Et toi ? Habites-tu en ville ou à la campagne ?
As-tu un jardin ? Vas-tu souvent au parc ?

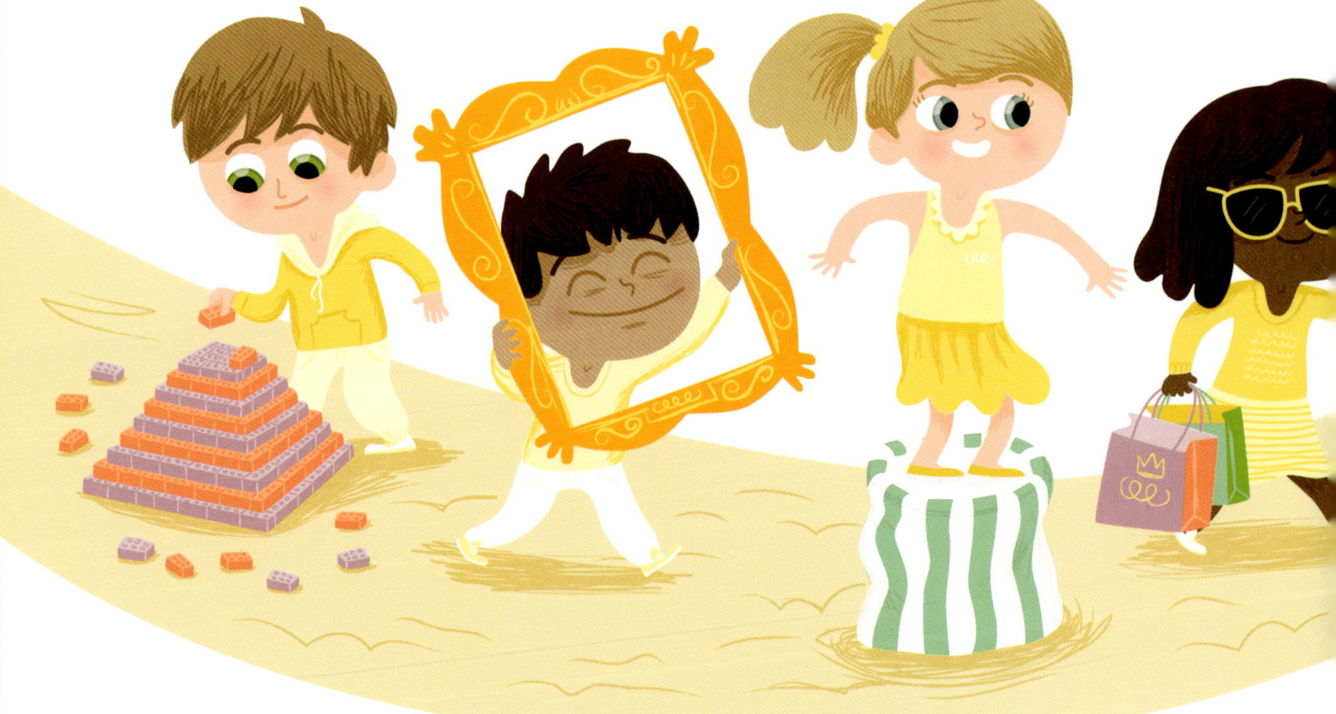

Paris,
rive droite

◆ De la Concorde au Louvre

Une grande place, un long jardin, un immense musée… bienvenue dans le Paris historique !

l'hôtel de Crillon

l'hôtel de la Marine

la statue de Jeanne d'Arc

la rue de Rivoli

la Galerie nationale du Jeu de paume

le jardin des Tuileries

le bassin octogonal

le grand bassin rond

l'obélisque

la place de la Concorde

le musée de l'Orangerie

le quai des Tuileries

C'est quoi, l'obélisque ?

la station de métro Louvre-Rivoli

le musée des Arts décoratifs

l'aile Richelieu

la pyramide et le musée du Louvre

la cour Carrée

l'arc du Carrousel

l'aile Denon

l'aile Sully

la Seine

Au milieu de la place de la Concorde, tu peux voir une grande colonne. Elle est décorée de drôles de dessins…

Ce sont des hiéroglyphes. Cette colonne vient d'un lointain pays, l'Égypte. Elle a été offerte à la France il y a plus de 150 ans.

Regarde son sommet : le petit pyramidion doré a été ajouté il y a peu de temps. Il est fait de bronze… et de feuilles d'or !

Le musée du Louvre **40**
Les Champs-Élysées **44**

Le musée du Louvre

Le musée le plus visité ! Antiquités grecques ou égyptiennes, peintures françaises ou italiennes, il faudrait des jours pour tout voir !

Le Bain turc (J. A. D. Ingres)

être perdu

admirer un tableau

la *Victoire de Samothrace*

faire une visite guidée

La Joconde (Léonard de Vinci)

la foule

Les Noces de Cana (Véronèse)

Le Sacre de Napoléon Ier (J.-L. David)

s'ennuyer

la statue assise de Ramsès II

l'agent de sécurité

la *Vénus de Milo*

écouter son audioguide

C'était quoi, le Louvre, avant ?

Le Tricheur à l'as de carreau
(Georges de La Tour)

L'Enlèvement des Sabines
(Nicolas Poussin)

La Dentellière
(Johannes Vermeer)

La Liberté guidant le peuple
(Eugène Delacroix)

Le Radeau de la Méduse
(Théodore Géricault)

Le Scribe accroupi

L'Esclave mourant
(Michel-Ange)

le Code de Hammourabi

Psyché ranimée par le baiser de l'Amour
(Antonio Canova)

Si tu visites le Louvre aujourd'hui, tu es dans l'un des plus grands musées du monde. Mais figure-toi qu'il n'a pas toujours été un musée !

Il y a très longtemps, le Louvre était un château fort ! Puis, roi après roi, il a été changé, agrandi, transformé en palais…

Que de changements pour un même lieu ! Une promenade dans les sous-sols te montrera des restes de ces lointaines périodes…

De la Concorde au Louvre **38**
Une petite histoire de Paris **86**

41

Le Palais-Royal

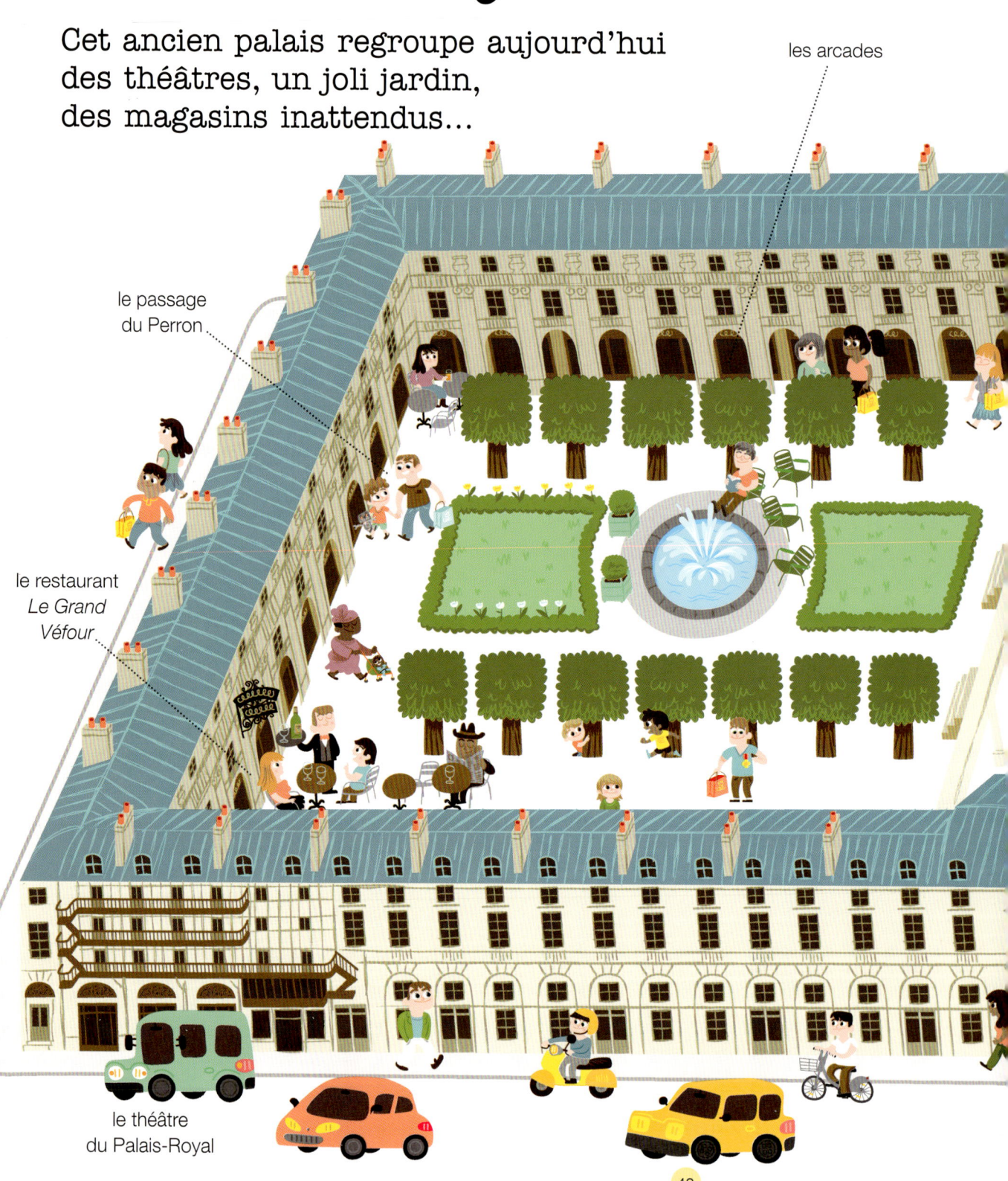

Cet ancien palais regroupe aujourd'hui des théâtres, un joli jardin, des magasins inattendus…

les arcades

le passage du Perron

le restaurant *Le Grand Véfour*

le théâtre du Palais-Royal

- la fontaine de Pol Bury
- le ministère de la Culture
- la cour d'honneur
- les colonnes de Buren
- le Conseil d'État
- l'entrée du métro Palais-Royal
- le théâtre de la Comédie-Française

À quoi servent ces drôles de colonnes ?

Se cacher derrière les colonnes du Palais-Royal, grimper dessus… une aire de jeux idéale ! Mais ces colonnes n'ont pas toujours été là.

C'est un artiste, Daniel Buren, qui les a construites il y a près de 30 ans dans une cour du palais. Avant, c'était juste un parking !

De l'art dans ce vieux bâtiment ? Au début, certains ont détesté ! Mais aujourd'hui les gens adorent ces colonnes. Et toi ?

Vivre à Paris 14

Les Champs-Élysées

De la place de la Concorde à l'Arc de triomphe, voici celle qu'on appelle « la plus belle avenue du monde » !

les magasins des Champs-Élysées

la Grande Arche de la Défense

l'Arc de triomphe

la tombe du Soldat inconnu

la place de l'Étoile

Douze rues partent de la place de l'Étoile.

la station de métro George-V

l'entrée du palais de la Découverte

44

Pourquoi aligner tous les monuments ?

les grands cinémas

le palais de l'Élysée

le convoi présidentiel

la foule

le théâtre Marigny

l'hôtel de Crillon

hôtel de la Marine

le rond-point des Champs-Élysées

le Grand Palais

la place de la Concorde

le Petit Palais

Incroyable, regarde : du Louvre à la Défense, les monuments sont alignés. Pourtant, ils n'ont pas été construits en même temps !

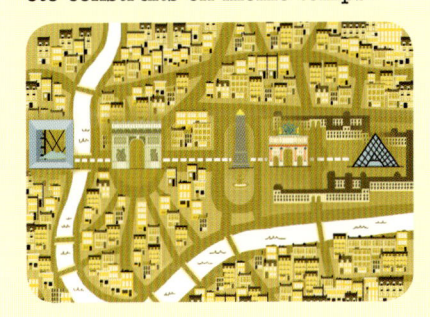

Le roi Louis XIV commence en alignant le Louvre et les Tuileries. Après lui, l'empereur Napoléon Ier continue l'alignement…

François Mitterrand, un président, termine avec la pyramide et la Défense. Tous ont pensé à créer une vue parfaite !

Bienvenue dans la capitale 12
De la Concorde au Louvre 38

🎨 Montmartre

Ce quartier se trouve au sommet d'une butte. Il est dominé par le Sacré-Cœur.

- le cabaret *Au Lapin Agile*
- la villa Léandre
- la statue *Le Passe-muraille*
- la place Marcel-Aymé
- les vignes du clos Montmartre
- les peintres
- le moulin de la Galette
- se faire caricaturer
- la place du Tertre
- le mur des Je t'aime
- le café des Deux-Moulins
- le square des Abbesses
- le Moulin-Rouge
- la salle de spectacle de la Cigale
- la rue Lepic
- la station de métro Blanche
- le boulevard de Clichy
- la station de métro Pigalle

46

Fait-on du blé au Moulin-Rouge ?

l'église Saint-Pierre de Montmartre

les pierres de calcaire blanc

la basilique du Sacré-Cœur

les nombreux escaliers

le square Louise-Michel

le funiculaire

le magasin de tissus

le théâtre de l'Atelier

le boulevard Rochechouart

la station de métro Anvers

As-tu vu ce drôle de moulin sur le boulevard ? C'est une décoration pour une salle de spectacle qu'on appelle un *cabaret*.

C'est un faux moulin qui permet de reconnaître le cabaret. Avant, Montmartre était surtout un quartier de fête et d'artistes !

Aujourd'hui encore, des touristes viennent du monde entier pour y voir de jeunes filles danser. Connais-tu le french cancan ?

47

Paris vue d'en haut 70

Le parc de la Villette

Des cinémas, des jeux, un sous-marin… le tout dans un immense parc au nord de Paris !

l'*Argonaute*, un véritable sous-marin

le Cinaxe, un cinéma qui bouge

la Géode : un cinéma géant avec un écran sphérique

des jardins à thème comme celui des Dunes

des jeux incroyables

la Cité de la musique

La Cité des sciences

À l'intérieur du parc de la Villette, voici un endroit fabuleux pour découvrir l'astronomie, la physique…

la Cité des sciences et de l'industrie

Explora, les expositions permanentes

les expositions temporaires

le planétarium

C'est quoi, la Cité des enfants ?

À l'intérieur de la Cité des sciences, il y a la Cité des enfants, avec deux espaces différents selon ton âge : la cité 2-7 ans et la cité 5-12 ans.

Bâtir une maison, se repérer dans un labyrinthe, jouer avec l'eau, ramper dans une fourmilière, faire sa météo : que d'activités !

Ici, le but est de découvrir les sciences en essayant, en faisant des expériences, en manipulant… Apprendre en jouant : le rêve !

Des idées par milliers **82**

Les incontournables de la rive droite

C'est la rive des grands boulevards et des grands magasins, des places immenses, du luxe…

la mairie de Paris, l'Hôtel de Ville (4e)

la place Vendôme (1er)

l'Opéra Garnier (9e)

l'église de la Madeleine (8e)

la place de la Bastille et son opéra (12e)

la place des Vosges (3e et 4e)

le palais omnisports de Paris-Bercy (12e)

les passages couverts,
comme la galerie Vivienne (2ᵉ)

le Parc floral pour se promener
ou jouer (12ᵉ)

la tour
Jean-sans-Peur (2ᵉ)

les expériences
du palais de la Découverte (8ᵉ)

le musée des Arts et Métiers (3ᵉ)

Quel est
ce monstre d'acier ?

C'est le Centre Georges-Pompidou, un incroyable musée d'art en plein cœur de Paris. Quelle drôle de construction !

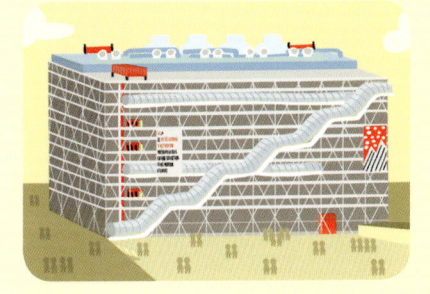

Des tuyaux, des câbles de fer, un serpent-Escalator... ici les architectes ont laissé visible tout ce qu'on cache d'habitude !

À l'intérieur : des œuvres d'art un peu folles, des ateliers pour enfants, des cinémas, une librairie... On y va ?

Paris vue d'en haut 70

51

Voyons voir...

Parmi ces tableaux, lequel s'appelle *La Joconde*? L'as-tu déjà vu en vrai?

Que de monde sur les Champs-Élysées! Trouve les cinq différences entre ces deux images.

52

Comment s'appelle ce moulin ?
À quoi sert-il aujourd'hui ?

Où est le funiculaire dans cette image ?
Sais-tu à quoi il sert ?

Il y a plein d'endroits où s'amuser à Paris !
Est-ce que tu connais ces lieux ?

Où aimerais-tu aller ?

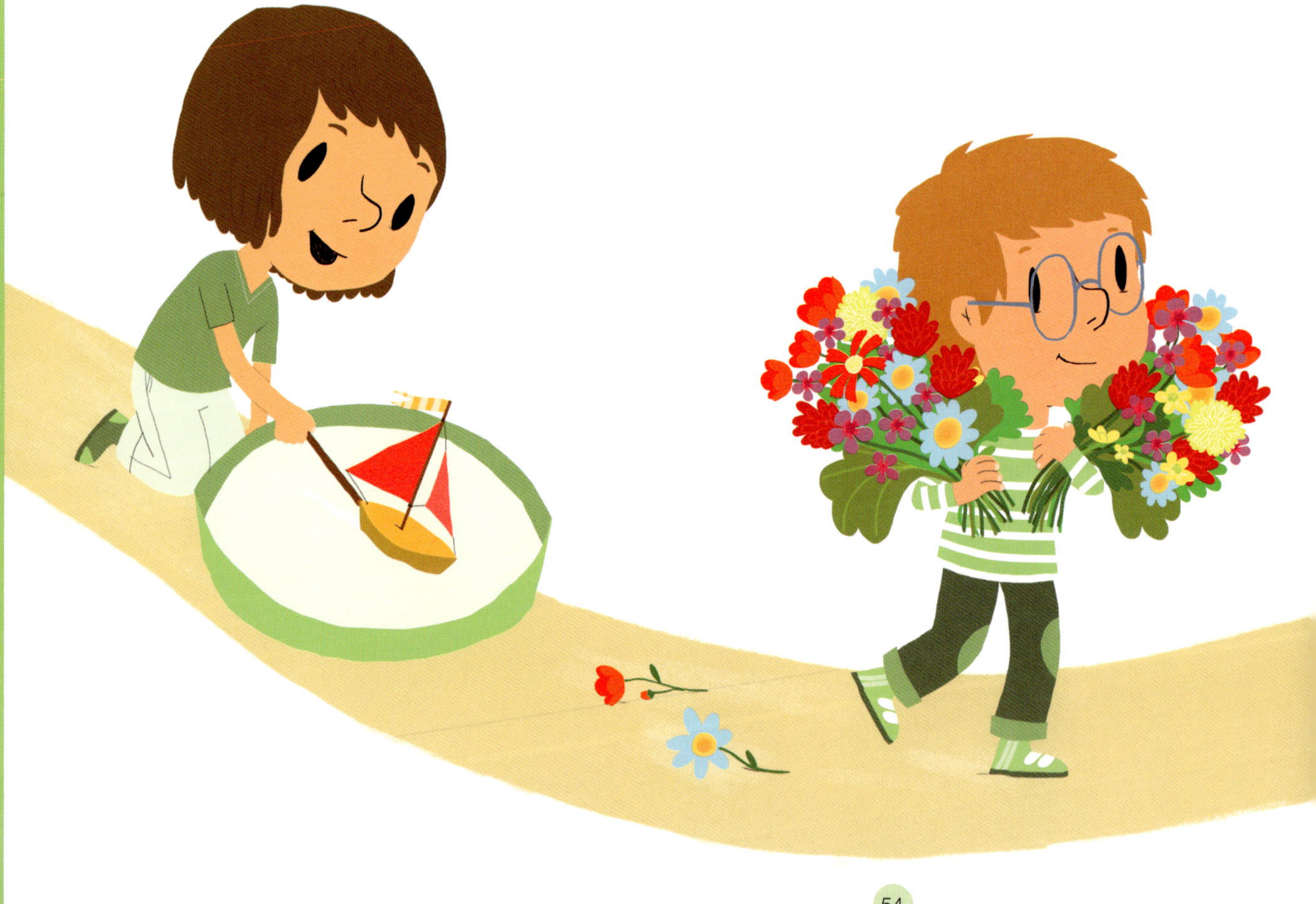

Paris, rive gauche

Le jardin du Luxembourg

Aux portes de Saint-Germain et du Quartier latin, un jardin plein de surprises !

le musée du Luxembourg

l'Orangerie

l'exposition de photos

les terrains de tennis

le petit café

le théâtre de marionnettes

faire de la balançoire

l'aire de jeux

le rucher-école

l'arbre couché

la statue en bronze

le Sénat

les grilles du parc

la fontaine Médicis

écouter un concert

le kiosque à musique

le grand bassin

le loueur de voiliers

l'allée de marronniers

pique-niquer

Qui était Marie de Médicis ?

As-tu vu la fontaine Médicis ? Elle porte le nom de la reine de France Marie de Médicis, qui a fait construire ce jardin.

À la mort de son mari, Henri IV, la reine déménage. Elle achète des terres au duc de Luxembourg là où se trouve le parc.

Au fil du temps, le jardin sera modifié, agrandi, avant de faire le bonheur de tous. Qu'aurais-tu envie d'y faire ?

Les ponts de Paris **28**
Les plus beaux jardins parisiens **72**

🌺 Le Jardin des plantes

Végétaux ou animaux : un espace extraordinaire pour découvrir la magie du monde vivant !

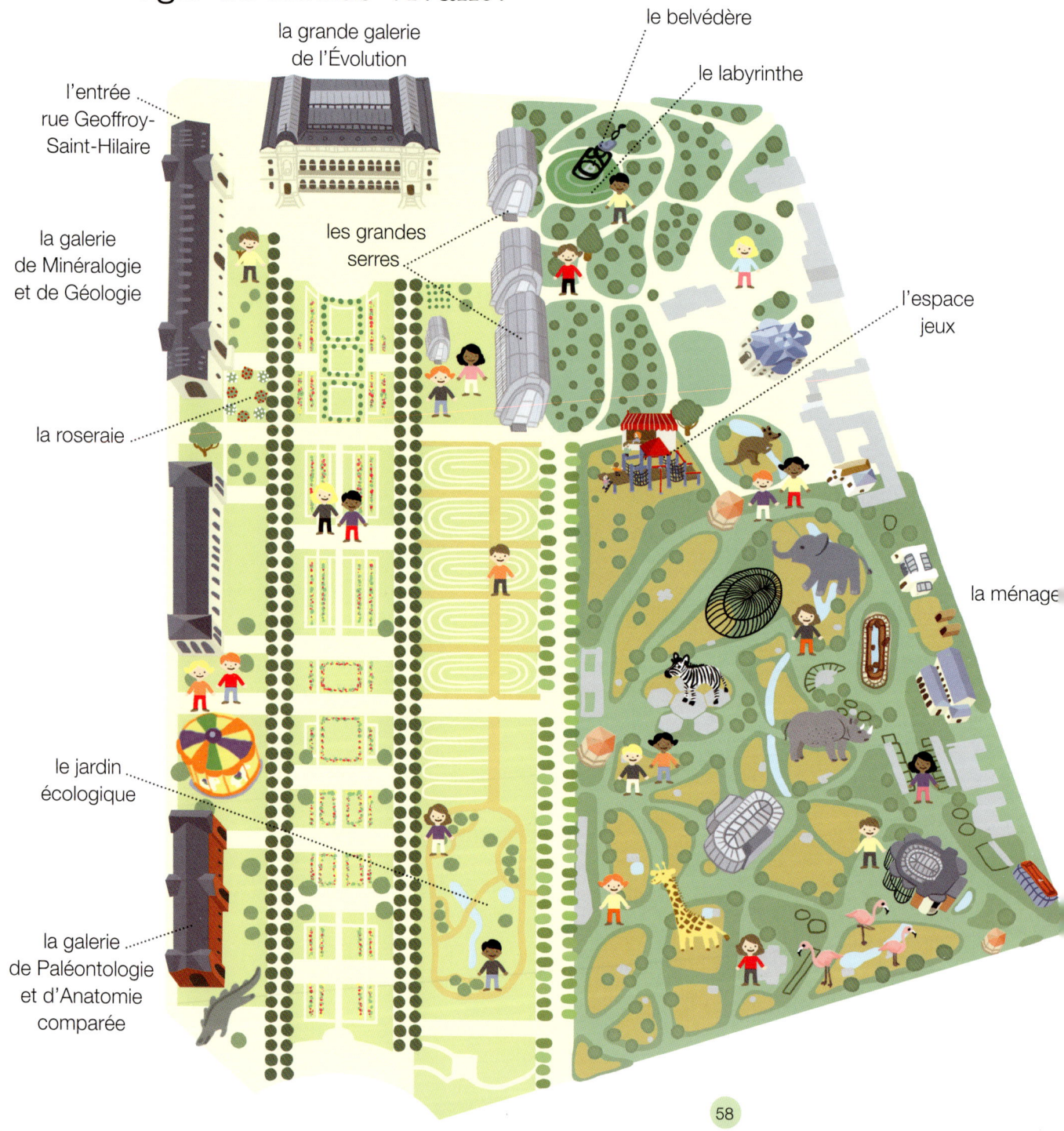

- la grande galerie de l'Évolution
- le belvédère
- le labyrinthe
- l'entrée rue Geoffroy-Saint-Hilaire
- la galerie de Minéralogie et de Géologie
- les grandes serres
- l'espace jeux
- la roseraie
- la ménagerie
- le jardin écologique
- la galerie de Paléontologie et d'Anatomie comparée

visiter la ménagerie,
l'un des plus vieux zoos du monde

découvrir des pierres incroyables
à la galerie de Minéralogie

apprendre à reconnaître
les plantes des jardins

pénétrer dans l'extraordinaire
grande galerie de l'Évolution

Dinosaure
ou baleine ?

Depuis le jardin, tu verras des os géants à travers les fenêtres de la galerie de Paléontologie. Entre, c'est un musée incroyable !

Immense squelette de baleine ou minuscules os d'oiseaux, reconstitution de diplodocus, fossiles… il y en a partout !

Ce musée a été construit il y a plus de 100 ans pour faire connaître les découvertes scientifiques. Maintenant, à toi d'apprendre !

La grande galerie de l'Évolution **60**
Des animaux dans toute la ville **74**

La grande galerie de l'Évolution

C'est un lieu magique pour comprendre la vie animale.

le défilé des animaux naturalisés

l'éléphant

le dromadaire

avoir peur de l'éléphant

le rhinocéros

le zèbre

Wheke, le calmar géant

le squelette de baleine

le poisson-lune

le requin

le poisson-scie

le visiteur

60

les papillons

la girafe

le buffle

l'antilope

le narval

le dauphin

la tortue

Pourquoi
garder des animaux morts ?

Tu seras peut-être étonné : ici les animaux sont réels, et pourtant aucun n'est vivant… On dit qu'ils sont *naturalisés*.

Ça veut dire qu'une fois l'animal mort on a utilisé des produits pour qu'il ait l'air presque vivant et soit montré au musée.

Les voir de près, regarder comment ils sont faits, conserver des espèces disparues : voilà pourquoi on les naturalise !

Le Jardin des plantes **58**
Des animaux dans toute la ville **74**

La tour Eiffel

Ce monstre de fer et d'acier s'élève au-dessus de la ville. C'est le monument le plus connu de Paris.

- le sommet, à 324 mètres
- l'antenne de télévision
- le troisième étage, à 276 mètres
- l'ascenseur
- le deuxième étage, à 115 mètres
- le premier étage, à 57 mètres
- l'escalier
- la file d'attente
- le pilier est
- le pilier nord
- le pilier ouest
- le pilier sud
- le vendeur de tours Eiffel miniatures

Quand a-t-elle été construite ?

La tour Eiffel a plus de 120 ans ! Elle a été construite par l'architecte Gustave Eiffel pour l'Exposition universelle de 1889.

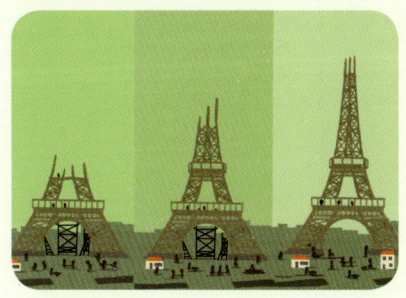

Des tonnes de métal, une hauteur incroyable pour l'époque… Pourtant, il a fallu seulement deux ans pour la construire. Un exploit !

On pensait la démonter après l'exposition. Heureusement, on a changé d'avis ! L'as-tu vue scintiller à chaque heure la nuit ?

monter à pied jusqu'au deuxième étage

s'élever vers le troisième étage en ascenseur

regarder aux jumelles les monuments de Paris

découvrir une vue incroyable sur tout Paris

Paris vue d'en haut **70**
Une petite histoire de Paris **86**

63

Les incontournables de la rive gauche

On dit que c'est la rive des artistes !
Elle se situe au sud de la Seine.

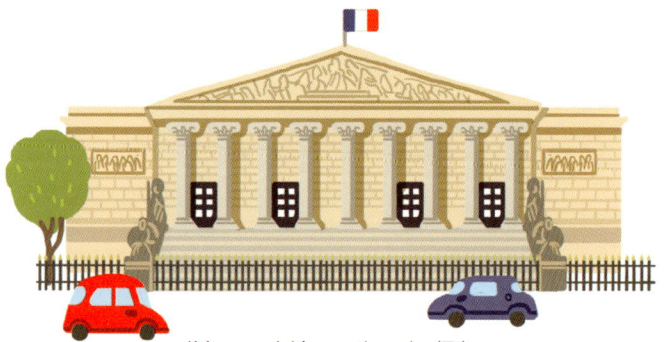

l'Assemblée nationale (7e)

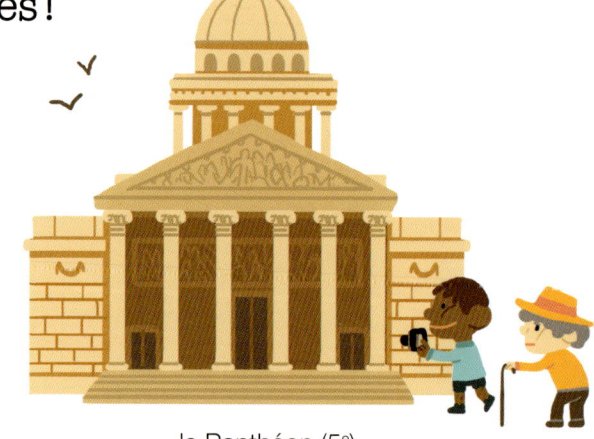

le Panthéon (5e)

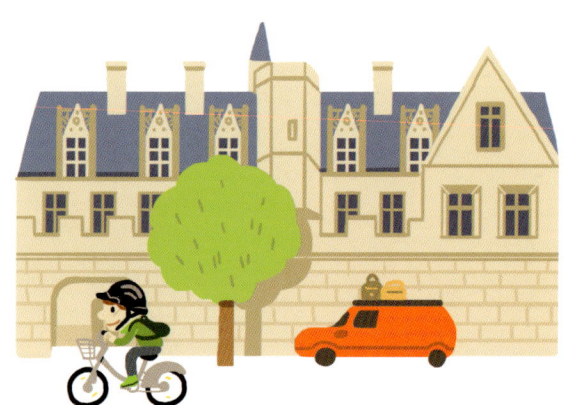

l'hôtel de Cluny (5e)

la Grande Mosquée (5e)

le quartier de Saint-Germain-des-Prés (6e)

le quartier de la rue Mouffetard (5e)

pique-niquer sur le Champ-de-Mars, au pied de la tour Eiffel (7e)

découvrir d'incroyables armures au musée de l'hôtel des Invalides (7e)

voir les animaux au Salon de l'agriculture, Porte de Versailles (15e)

chercher une bande dessinée chez les bouquinistes des quais

aller au cinéma dans le quartier Montparnasse (14e)

C'est quoi, les arènes de Lutèce ?

Sais-tu qu'à Paris tu peux découvrir de vraies arènes romaines ? Elles sont assez bien conservées malgré leur âge !

Il y a près de 2 000 ans s'y déroulaient combats d'animaux ou d'hommes, spectacles… *Lutèce* est l'ancien nom de Paris.

On y voit les anciennes cages des animaux. Aujourd'hui, les arènes sont le terrain de jeu des amateurs de pétanque…

Une petite histoire de Paris 86

Voyons voir...

Ces personnages se détendent au jardin du Luxembourg.
Décris ce qu'ils font.

Remets ces étapes de la construction de la tour Eiffel dans l'ordre.

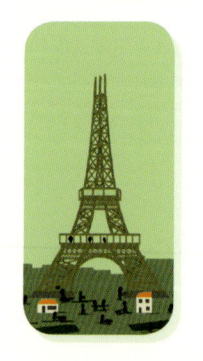

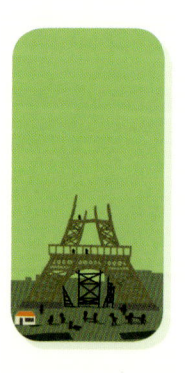

Où sont ces personnages à ton avis ?
Pourquoi y a-t-il un grillage devant eux ?

À quel animal appartient ce squelette ?

Retrouve le nom de chacun de ces animaux présentés à la grande galerie de l'Évolution.

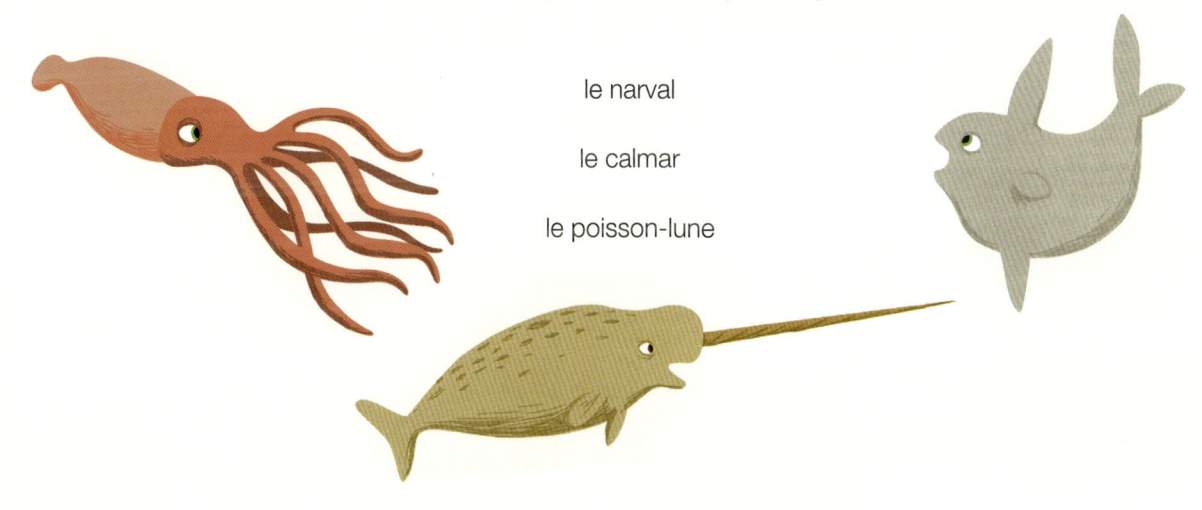

le narval

le calmar

le poisson-lune

Regarde ces deux images.
Est-ce que les animaux sont vivants dans les deux scènes ?
As-tu déjà vu des animaux naturalisés ?

68

Aux quatre coins de Paris

🎈 Paris vue d'en haut

Pour voir comme Paris est étendue et découvrir autrement les monuments, il faut prendre de la hauteur.

prendre l'ascenseur vertigineux qui monte en haut de la Grande Arche de la Défense

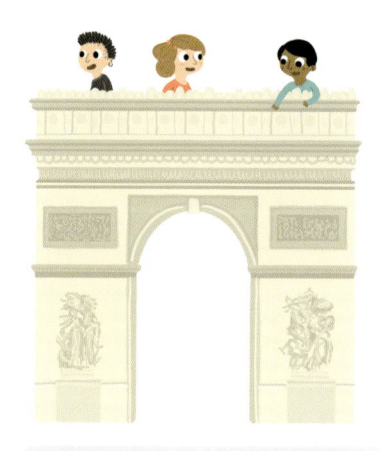

admirer l'avenue des Champs-Élysées depuis le sommet de l'Arc de triomphe (8e)

s'asseoir dans la grande roue de la place de la Concorde (8e)

s'envoler en ballon dans le parc André-Citroën (15e)

voir tout Paris depuis le Sacré-Cœur (18e)

admirer un coucher de soleil du haut du parc de Belleville (20e)

avoir une vue panoramique depuis le 56e étage ou la terrasse de la tour Montparnasse (14e)

grimper à l'un des trois étages de la tour Eiffel (7e)

découvrir Paris du haut de l'Escalator du Centre Pompidou (4e)

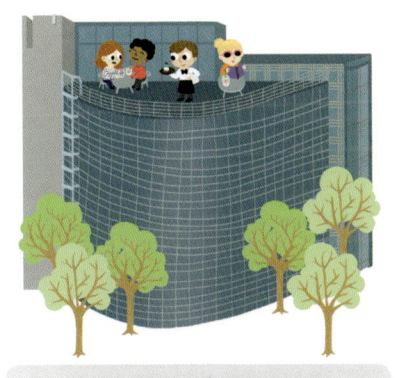

manger sur la terrasse de l'Institut du monde arabe (5e)

Qu'y a-t-il au sommet de Notre-Dame ?

Tu es prêt à gravir l'escalier de la tour nord de Notre-Dame ? Alors, c'est parti pour une grimpette de près de 50 mètres !

Quelle vue ! On voit tout Paris... mais ce n'est pas tout. Tu vois de près les gargouilles, des gouttières à tête de monstre.

Tu peux aussi voir les énormes cloches dans le clocher. La plus grosse s'appelle le *bourdon* et sonne pour les grandes fêtes.

Une ville, deux îles 26
La tour Eiffel 62

🌳 Les plus beaux jardins parisiens

Envie d'un petit bout de nature ? Ici, on n'est jamais loin d'un parc ou d'une activité en plein air.

passer la journée sur les manèges du Jardin d'acclimatation (16e)

voir des carpes japonaises aux grandes serres d'Auteuil (16e)

chercher une BD au marché aux livres, puis courir dans le parc Georges-Brassens (15e)

surplomber des avenues tout au long de la Promenade plantée (12e)

découvrir les vignes du parc de Bercy (12e)

faire un minigolf ou rouler en voiture à pédales au Parc floral (12e)

Pourquoi dit-on que Paris a « deux poumons » ?

Si tu regardes une carte de Paris, tu verras deux grandes étendues vertes, à l'est et à l'ouest de la ville.

Il s'agit de deux grands bois : Boulogne et Vincennes. Grands espaces pour s'aérer, ils sont envahis le week-end !

Chacun cherche un coin de nature pour faire la sieste, du vélo ou de la barque. Et toi, quelle est ton activité préférée ?

s'amuser sur une aire de jeux étonnante au parc de Belleville (20e)

jouer dans la cascade du parc des Buttes-Chaumont (19e)

admirer les statues du parc Monceau (8e)

découvrir un jardin médiéval à l'hôtel de Cluny (6e)

jouer au ballon sur les grandes pelouses du parc Montsouris (14e)

Le jardin du Luxembourg 56
Le Jardin des plantes 58

Des animaux dans toute la ville

Paris est pleine de lieux où l'on peut rencontrer toutes sortes d'animaux.

se promener au marché aux fleurs et aux oiseaux (4e)

se chercher un nouvel ami dans les animaleries des quais de la Seine

s'émerveiller devant les poissons et les alligators à l'aquarium de la Porte-Dorée (12e)

observer les animaux domestiques à la ferme pédagogique de Paris (12e)

apprendre à connaître les abeilles au parc Kellerman (13e)

voir des poissons et des films à Cinéaqua (16e)

Quels animaux vivent naturellement à Paris ?

visiter la miniferme de la ménagerie du Jardin des plantes (5e)

découvrir un incroyable bestiaire naturalisé au magasin Deyrolle (7e)

bientôt, découvrir un zoo de Vincennes tout neuf (12e)

Dans la rue, on remarque vite les oiseaux : pigeons sur les toits, moineaux dans les parcs, goélands en bord de Seine…

La Seine accueille des poissons comme des truites, des gardons, des anguilles… Quant aux lacs, ils sont le royaume des canards !

Dans le métro, on peut parfois voir des souris se faufiler. Mais pas de crocodiles dans les égouts, quoi qu'en dise la légende !

Le Jardin des plantes 58
La grande galerie de l'Évolution 60

Le Paris caché

Petits secrets, lieux méconnus… voici un Paris que peu de gens connaissent !

la plus petite rue de Paris, la rue des Degrés (2e)

un mètre étalon vieux de plus de 200 ans, au 36, rue de Vaugirard (15e)
(Il a permis aux Parisiens de se familiariser avec cette mesure, nouvelle à l'époque.)

le minuscule passage de l'Ancre, rue Saint-Martin (3e)

le plus vieux marché de Paris, le marché des Enfants-Rouges (3e)

les secrètes carrières des Capucines (3e)
(visite sur réservation)

le jardin Atlantique, un parc perché au-dessus de la gare Montparnasse (14e)

l'étonnant passage d'Enfer, dont on ne voit pas la sortie (14e)

l'extraordinaire cabinet de curiosités à la Maison de la chasse et de la nature (3e)

le sentier nature Auteuil-la Muette (16e)

les jardins partagés du Ruisseau (18e)

Qu'est-ce qu'une « villa » parisienne ?

À Paris, on appelle souvent *villa* une série de maisons avec une ou deux petites rues fermées aux passants.

Pas facile de les visiter, elles sont privées. Mais, en parcourant Paris, tu peux découvrir des impasses avec de petites maisons.

On se croirait presque à la campagne... On trouve même d'incroyables jardins au sommet de certains immeubles !

Vivre à Paris 14

Le Paris merveilleux

Rêver, imaginer, s'émerveiller : le « Paris magique » existe !

le musée de la Magie (4e)

les vitrines des grands magasins à Noël (9e)

un spectacle Bouglione au Cirque d'hiver (11e)

le musée des Arts forains (12e) (visite sur réservation)

la Maison des contes et des histoires (4e)

les jeux vidéo à la Gaîté-Lyrique (3e)

💀 Le Paris effrayant

Frissonner, jouer à se faire peur : facile à Paris !

les cachots de la Conciergerie (1er), ancienne prison de la reine Marie-Antoinette

certaines statues de cire du musée Grévin (9e)

la visite des Catacombes (14e)

le cimetière du Père-Lachaise (20e)

Qui était le fantôme de l'Opéra ?

Un visage déformé, un masque blanc : as-tu déjà entendu parler de ce fantôme qui hanterait les sous-sols de l'Opéra ?

Cette légende vient de faits réels qui se sont passés il y a longtemps, comme l'effondrement d'un lustre en pleine représentation.

Un grand auteur, Gaston Leroux, en a fait un livre célèbre ! L'histoire a beaucoup plu, et ont suivi des films, des bandes dessinées…

De l'eau pour les Parisiens 30
Une petite histoire de Paris 86

Le Paris exotique

Europe, Afrique ou Asie, le monde entier se retrouve dans la capitale !

découvrir un coin de Japon au cœur de Paris, rue Sainte-Anne (1er)

dévorer une succulente pâtisserie dans le quartier juif, rue des Rosiers (4e)

admirer la Grande Mosquée de Paris et profiter de son salon de thé (5e)

voir une exposition à l'Institut du monde arabe (5e)

se régaler d'un *cheese naan* indien passage Brady (10e)

fêter le nouvel an chinois dans le quartier asiatique (13e)

Pourquoi le monde se retrouve-t-il à Paris ?

Restaurants de tous pays, marchés colorés... quelle diversité ! Comme beaucoup de grandes villes, Paris attire des gens de partout.

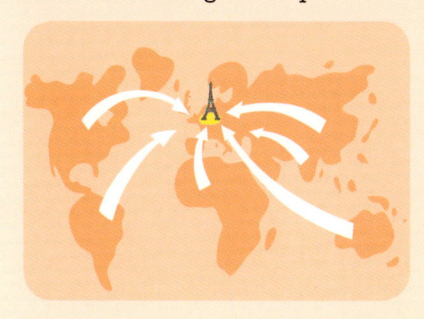

En s'installant, ils se regroupent et apportent avec eux leurs traditions. C'est ainsi que se créent des quartiers inattendus !

Grâce à ce mélange de cultures, tu peux presque voyager dans le monde à chaque repas sans quitter Paris.

faire un coucou aux Américains devant la petite statue de la Liberté (15e)

découvrir les civilisations au musée du quai Branly (7e)

faire ses courses au marché africain de Château-Rouge (18e)

À table, les Parisiens ! 18

🏠 Des idées par milliers

À Paris, on ne s'ennuie jamais ! Voici encore des activités pour s'occuper tout au long de l'année.

visiter une exposition d'art interactive au Musée en herbe (1er)

voir un beau dessin animé au Forum des images (1er)

se voir dans un western au musée du cinéma Les Étoiles du Rex (2e)

se régaler d'une glace Berthillon sur l'île Saint-Louis (4e)

participer à un grand atelier Kapla (11e)

se baigner dans l'immense Aquaboulevard (15e)

s'étonner d'une folle
exposition au 104 (19ᵉ)

participer à un atelier Tok-Tok
au palais de Tokyo (16ᵉ)

voir un grand match de foot
au Parc des Princes (16ᵉ)

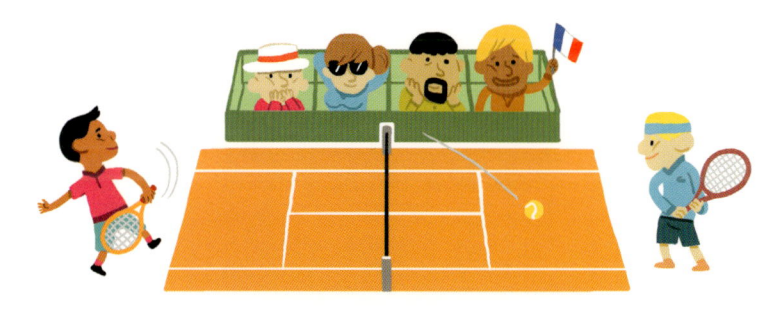

assister à un match de tennis
à Roland-Garros (16ᵉ)

Et si
tu voyais un spectacle ?

Zénith, palais des congrès ou des sports... Paris a d'immenses salles pouvant accueillir un grand nombre de spectateurs.

Comédies musicales, cirques traditionnels ou modernes, spectacles de danse, de chevaux... il y en a pour tous les goûts.

Les petits théâtres pour enfants sont nombreux, installés dans des ruelles ou même sur des péniches. À toi de faire ton choix !

La Cité des sciences 49
Le Paris merveilleux 78

Voyons voir...

Lequel de ces monuments abrite la tombe du Soldat inconnu ?

la Grande Arche de la Défense    l'Arc de triomphe 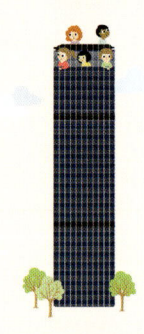   la tour Montparnasse

As-tu déjà vu cette statue à la télévision ou en photo ? Sais-tu où on peut trouver sa copie géante ?

Parmi ces trois restaurants, lequel est une brasserie parisienne ? Lequel est un restaurant japonais ?

84

Lequel de ces oiseaux est le plus présent dans les rues de Paris ?

la poule    l'oie    le pigeon    le flamant rose

Regarde ce plan de Paris.
Où est la rive droite ?
Où est la rive gauche ?

Place sur le plan les monuments qui ont disparu.

la tour Eiffel    la tour Montparnasse    l'Arc de triomphe

le Sacré-Cœur    le Centre Georges-Pompidou   l'Opéra Garnier

Une petite histoire de Paris

des hommes et des pirogues au Néolithique

Les Parisii gaulois sont vaincus par les Romains sur l'actuel Champ-de-Mars.

les jeux dans les arènes romaines de Lutèce

Clovis, roi des Francs s'installe à Paris.

Le métro est inauguré.

L'électricité envahit Paris.

Napoléon III et le baron Haussmann redessinent Paris.

la Révolution française et la prise de la Bastille

la construction de la tour Eiffel

Paris est occupée par l'armée allemande.

De nombreux étrangers viennent travailler à Paris.

la longue construction de la cathédrale Notre-Dame

une rue à Paris au Moyen Âge

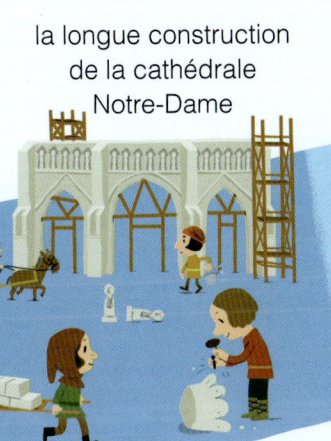

François I*er*

Charles IX

Henri IV

Louis XIII

Les rois se succèdent, Paris grandit.

Louis XIV s'installe à Versailles, à côté de Paris.

Louis XVI habite Versailles, lui aussi.

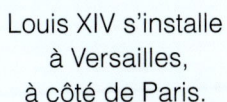

Mai 68 et ses grandes grèves

Paris fait ses grands travaux.

demain, Paris…

Autour de Paris

le château de Chantilly

le village d'Auvers-sur-Oise

la basilique Saint-Denis

le parc zoologique de Thoiry

le cirque Micheletty

Paris

le château de Versailles

le parc France miniature

le musée Mac/Val

la ferme pédagogique de Gally

le jardin Albert-Kahn, à Boulogne

l'aéroport d'Orly

l'Odyssée verte, à Rambouillet

le Playmobil Fun Park, à Fresnes

le musée de la Voiture

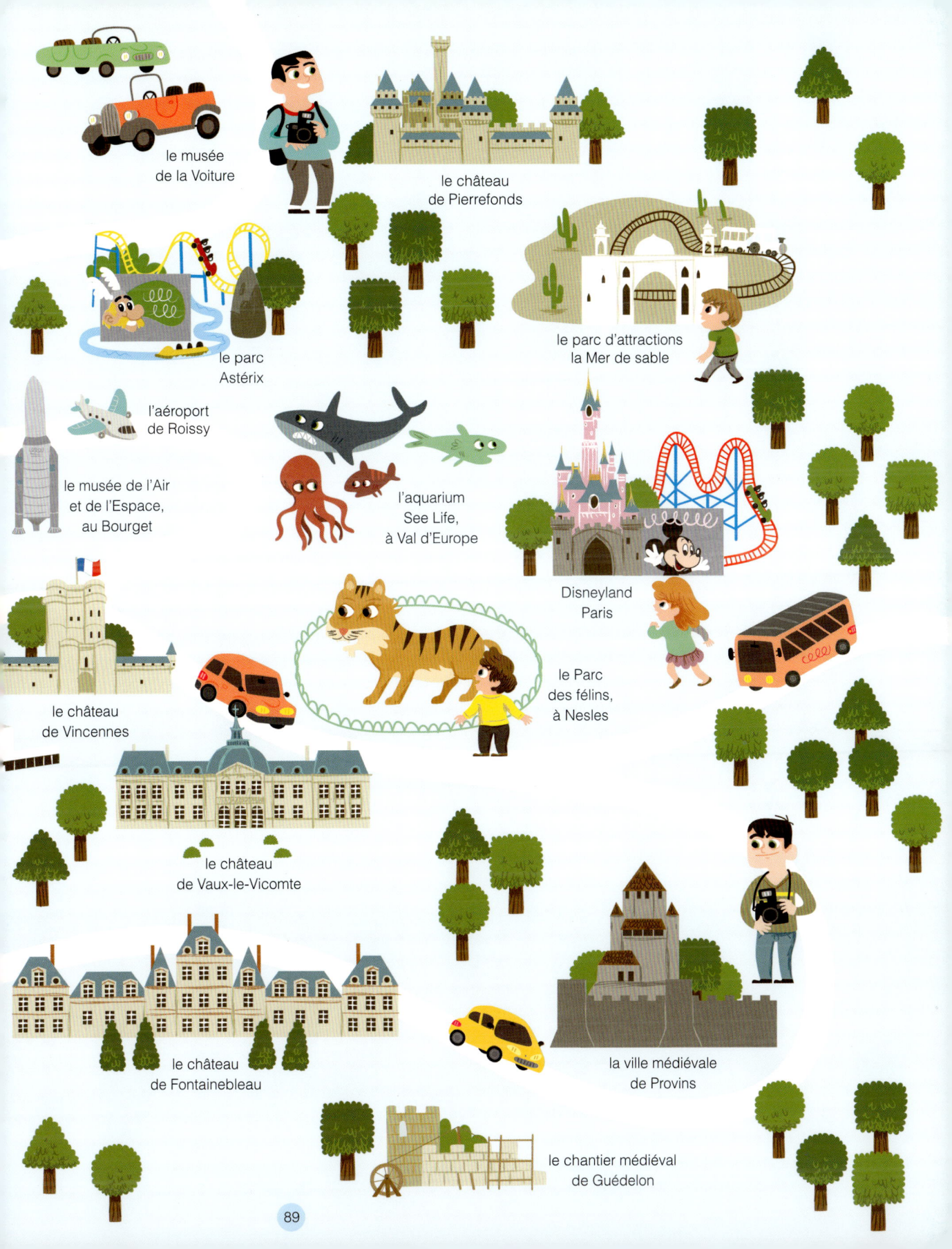

le château de Pierrefonds

le parc Astérix

le parc d'attractions la Mer de sable

l'aéroport de Roissy

le musée de l'Air et de l'Espace, au Bourget

l'aquarium See Life, à Val d'Europe

Disneyland Paris

le château de Vincennes

le Parc des félins, à Nesles

le château de Vaux-le-Vicomte

le château de Fontainebleau

la ville médiévale de Provins

le chantier médiéval de Guédelon

Petits souvenirs de Paris

une caricature

un maillot du PSG

une casquette de Roland-Garros

une assiette peinte aux couleurs de Montmartre

une fausse plaque de rue

un tee-shirt « I love Paris »

un vieux bibelot des puces

une copie de montre (interdit !)

une boule à neige Sacré-Cœur

une tour Eiffel miniature

des pièces de la Monnaie de Paris

une belle affiche

des vêtements
de grand couturier

une affiche de cinéma

une publicité
ancienne

un très beau
sac à main

des livres
anciens

de jolis
bijoux

du parfum

un foulard
de grande marque

des macarons

Ab L'index

A

abeille 74
acier 62
activité 49, 72, 73, 82
aéroport 10, 88
affiche 90
agent de sécurité 40
agent municipal 14
aile Denon 39
aile Richelieu 39
aile Sully 39
aire de jeux 56
allée 57
amoureux 28
animalerie 74
animaux 74
animaux naturalisés 60, 61, 67
antenne de télévision 62
antilope 61
Aquaboulevard 82
aquarium de la Porte-Dorée 74
aquarium See Life 89
arcade 42
Arc de triomphe 8, 44, 70, 84
ardoise 18
arènes 86
arènes de Lutèce 65
arrondissement 9
artiste 29, 47
ascenseur 62
Assemblée nationale 12, 64
assiette 90
astronomie 49
atelier Kapla 82
atelier Tok-Tok 83
audioguide 40
Autolib' 17
Auvers-sur-Oise 88

B

baguette 19
balançoire 56
baleine 60
bar 15
barque 73
basilique du Sacré-Cœur 47
basilique Saint-Denis 88
bassin 38, 57
bassin de la Villette 30
bateau 34
bateau-mouche 24, 25
Belleville 9
belvédère 58
berge 25
bibelot 90
bijou 91
bois 73
bois de Boulogne 8
bois de Vincennes 33
bouche de métro 15
boulangerie 19
boule à neige 90
boulevard de Clichy 46
boulevard Rochechouart 47
Boulogne 88
bouquiniste 29, 65
brasserie 18, 84
brigade fluviale 24
brioche parisienne 19
buffle 61
Buren (Daniel) 43
bus 14, 17
butte 46
Butte-aux-Cailles 33
Buttes-Chaumont 9, 32, 73

C

cabaret 46
cadenas 28
café 18, 46, 56
café des Deux-Moulins 46
calcaire blanc 47
calmar 67
calmar géant 60
canal de l'Ourcq 9, 32
canalisation 31
canal Saint-Martin 32
canard 75
Canova (Antonio) 41
capitale 12, 80
caricature 90
carrières des Capucins 76
Carrousel 39
cascade 32, 73
casquette 90
Catacombes 79
cathédrale Notre-Dame 27, 87
Centre Georges-Pompidou 9, 51, 71, 85
Champ-de-Mars 8, 65, 86
Champs-Élysées 13, 44, 52
chantier médiéval de Guédelon 89
Charles IX 87
château de Chantilly 88
château de Fontainebleau 89
château de Pierrefonds 89
château de Vaux-le-Vicomte 89
château de Versailles 87, 88
château de Vincennes 89
Château-Rouge 81
cheese naan 80
chef 19
Cigale 46
cimetière 9
cimetière du Père-Lachaise 9, 79
Cinéaqua 74
cinéma 45, 48, 65
circulation 17, 24
cirque 83
Cirque d'hiver 78
cirque Micheletty 88
Cité de la musique 48
Cité des enfants 49
Cité des sciences et de l'industrie 49
client 18
clocher 71
Clovis 86
Code de Hammourabi 41
colonne Morris 14
colonnes de Buren 43
Comédie-Française 43
concert 57
Conciergerie 26, 79
Concorde 8, 38, 44
Conseil d'État 43
convoi présidentiel 45
copie de montre 90
cour Carrée 39
cour d'honneur 43
coureur 14
croisière 25
croque-monsieur 19
cuisine 19

D

dauphin 61
David (J.-L.) 40
Défense 8, 44, 70, 84
défilé du 14 Juillet 13
Delacroix (Eugène) 41
département 10
député 12
Disneyland Paris 9, 89

E

eau 30, 32
eau de source ferrugineuse 33
eau du robinet 34
eau gazeuse 31
eau non potable 30
eau potable 30
éclair 19
écluse 32
école 14
école élémentaire 11
école maternelle 11
église de la Madeleine 50
église Saint-Pierre de Montmartre 47
égouts 31
Eiffel (Gustave) 63
électricité 86
éléphant 60
Élysée 12
embouteillage 15
épicerie 18
escalier 47, 62
espace jeux 58
espace vert 35
étage 62
étoile de Notre-Dame 27
Étoiles du Rex 82
étranger 86
exotique 80
exposition 13, 49, 56, 80, 82, 83
Exposition universelle 63

F

faire ses courses 19
fantôme 79
ferme pédagogique 74
ferme pédagogique de Gally 88
fête 47
feu d'artifice 13
file d'attente 62
flamant rose 85
fleuve 24, 33
fontaine 31, 32
fontaine de l'an 2000 31
fontaine de Pol Bury 43
fontaine Médicis 57
fontaine Stravinsky 31
fontaine Wallace 31
foot 83
Forum des images 82
foulard 91
foule 40, 45
France 10, 12
François Ier 87
funiculaire 47, 53

G

Gaîté-Lyrique 78
galerie de Minéralogie et de Géologie 58

galerie de Paléontologie et d'Anatomie comparée 58
Galerie nationale du Jeu de paume 38
galerie Vivienne 51
garçon de café 18
gare 8, 10
gare d'Austerlitz 9, 10
gare de Bercy 9, 10
gare de l'Est 9, 10
gare de Lyon 9, 10
gare du Nord 9, 10
gare Montparnasse 8, 10, 76
gare Saint-Lazare 8, 10
gargouille 71
Géode 48
Géricault (Théodore) 41
girafe 61
glacier 18
goéland 75
grand couturier 91
Grande Arche 8, 44, 70, 84
grande galerie de l'Évolution 58, 60, 67
Grande Mosquée 9, 64, 80
grande roue 70
grandes serres 58
Grand Palais 25, 45
grands boulevards 50
grands magasins 78
grève 87
grille 57

H

habitant 11
Haussmann 86
héler un taxi 15
Henri IV 29, 57, 87
hiéroglyphe 39
histoire 86

hôtel de Cluny 64, 73
hôtel de Crillon 38, 45
hôtel de la Marine 38, 45
hôtel des Invalides 65
Hôtel de Ville 9, 13, 50
Hôtel-Dieu 26
hôtel Matignon 12

I

île 26
Île-de-France 10
île de la Cité 26, 29
île Saint-Louis 26, 82
immeuble 15
impasse 77
Ingres (J. A. D.) 40
Institut du monde arabe 71, 80
Invalides 8

J

Japon 80
jardin 38, 42, 48, 72
jardin Albert-Kahn 88
jardin Atlantique 76
Jardin d'acclimatation 72
Jardin des plantes 9, 58
jardin du Luxembourg 8, 56, 66
jardin écologique 58
jardin médiéval 73
jardins partagés du Ruisseau 77
jeu 48, 73
Joconde (La) 40, 52

K

kiosque à musique 57
klaxonner 16

L

labyrinthe 58
lac 33
La Tour (Georges de) 41
Léonard de Vinci 40
Leroux (Gaston) 79
Liberté guidant le peuple (La) 41
ligne de métro 17
livre 91
livreur 18
loi 12
Louis XIII 87
Louis XIV 45, 87
Louis XVI 87
Louvre 8, 38, 41, 45
Lutèce 65, 86
luxe 50
Lyon 25

M

macaron 19, 91
magasin 42, 44, 47, 50
magasin Deyrolle 75
Mai 68 87
maillot du PSG 90
maire 13
mairie 9
mairie de Paris 50
maison 15, 77
Maison de la chasse et de la nature 77
Maison des contes et des histoires 78
marché 19, 72, 76, 81
marché aux fleurs 74
marché des Enfants-Rouges 76
Marie de Médicis 57
marronnier 57
marrons chauds 19
ménagerie 58, 75
menu 18

Mer de sable 89
mètre étalon 76
métro 14, 43, 86
métro aérien 8, 16
Michel-Ange 41
miniature 90
minigolf 72
ministère de la Culture 43
ministère de la Marine 45
ministre 12
Mitterrand (François) 45
moineau 75
Monnaie de Paris 90
Montmartre 46
Montparnasse 65
monument 8, 20, 62, 70, 85
moto-taxi 16
moulin 53
moulin de la Galette 46
Moulin-Rouge 46
Moyen Âge 87
mur des Je t'aime 46
musée 13, 31, 38, 51, 56, 59, 61, 65
musée de l'Air et de l'Espace 89
musée de la Magie 78
musée de la Voiture 89
musée de l'Orangerie 38
musée des Arts décoratifs 39
musée des Arts et Métiers 51
musée des Arts forains 78
musée du cinéma 82
musée du Louvre 39, 40
musée du quai Branly 81
Musée en herbe 82

musée Grévin 79
musée Mac/Val 88

N

Napoléon 45, 86
narval 61, 67
Néolithique 86
nettoyer 30
Notre-Dame de Paris 27, 71
nouvel an chinois 80

O

obélisque 38
Odyssée verte 88
oie 85
oiseau 75, 85
opéra 20, 79
Opéra-Bastille 9
Opéra Garnier 8, 50, 85
Orangerie 56
Orly 9, 10, 88
os 59

P

pain 19
Palais de Justice 26
palais de la Découverte 44, 51
palais de l'Élysée 8, 45
palais de Tokyo 83
palais omnisports de Paris-Bercy 50
Palais-Royal 42
panneau d'information 14
Panthéon 64
papillon 61
parc 8, 57, 72
parc André-Citroën 32, 70

parc Astérix 89
parc d'attractions 89
parc de Belleville 70, 73
parc de Bercy 72
parc de la Villette 48
Parc des félins 89
Parc des Princes 83
Parc floral 51, 72
parc France miniature 88
parc Georges-Brassens 72
parc Kellerman 74
parc Monceau 8, 73
parc Montsouris 8, 73
parc zoologique de Thoiry 88
parfum 91
paris-brest 19
Parisien 11, 18, 35
Parisii 86
Paris-Plages 33
passage 42, 51
passage Brady 80
passage de l'Ancre 76
passage d'Enfer 77
passerelle des Arts 28
passerelle Simone-de-Beauvoir 28
pâtisserie 19, 80
pêcheur 25
peintre 46
péniche 24, 83
périphérique 8, 11, 16
pétanque 65
Pétillante (La) 31
Petit Palais 45
Petit-Pont 26
pierre 59
pierre de taille 15
Pigalle 46
pigeon 14, 75, 85
pilier 62
pique-niquer 57, 65
piscine 33
piscine Joséphine-

Baker 33
piste cyclable 16
place 38
place Dauphine 26
place de la Bastille 50
place de la Concorde 45
place de l'Étoile 44
place des Vosges 50
place du Tertre 46
place Marcel-Aymé 46
place Vendôme 50
plan 8, 85
planétarium 49
plante 59
plaque de rue 90
Playmobil Fun Park 88
poisson 75
poisson-lune 60, 67
poisson-scie 60
police fluviale 24
policier 14
pompier 25
pont 26, 28, 33, 34
pont Alexandre-III 24, 29
pont au Change 26
pont au Double 27
pont d'Arcole 26
pont de Bir-Hakeim 28
pont de l'Alma 28, 31
pont de l'Archevêché 27
pont de la Tournelle 27
pont Louis-Philippe 27
pont Marie 27
Pont-Neuf 26, 29
pont Notre-Dame 26
pont Saint-Louis 27, 29
pont Saint-Michel 26
pont Sully 27
pont tournant 32
port 32
port de l'Arsenal 32
Porte de Versailles 65
portier 18

poule 85
Poussin (Nicolas) 41
préfecture de police 26
Premier ministre 12
président de la République 12
prise de la Bastille 86
Promenade plantée 72
Provins 89
Psyché ranimée par le baiser de l'Amour 41
publicité 91
puces 9, 90
pyramide du Louvre 39

Q

quai 25, 29, 33, 38
quartier 14, 46
quartier asiatique 80
quartier juif 80
Quartier latin 56

R

Radeau de la Méduse (Le) 41
Rambouillet 88
regard Saint-Martin 31
Région 10
rémouleur 15
requin 60
RER 10
restaurant 18, 19, 42, 81, 84
restaurant japonais 84
Révolution française 86
rhinocéros 60
rive 28, 33
rive droite 50, 85
rive gauche 64, 85
roi 87
Roissy-Charles-de-Gaulle 9, 10, 89
Roland-Garros 8, 83
rollers 14, 16

Romains 86
rond-point des Champs-Élysées 45
roseraie 58
rucher 56
rue de Rivoli 38
rue des Degrés 76
rue des Rosiers 80
rue de Vaugirard 11, 76
rue Dieu 32
rue Geoffroy-Saint-Hilaire 58
rue Lepic 46
rue Mouffetard 64
rue Sainte-Anne 80
rue Saint-Louis-en-l'Île 27
rue Saint-Martin 76

S

sac à main 91
Sacré-Cœur 8, 46, 70, 85
Sainte-Chapelle 26
Saint-Germain-des-Prés 56, 64
saint-honoré 19
Saint Phalle (Niki de) 31
salle de spectacle 46
Salon de l'agriculture 65
salon de thé 80
Scribe accroupi (Le) 41
SDF 18
se déplacer 14, 16
Seine 8, 24, 33, 39, 75
Sénat 8, 12, 57
sénateur 12
sentier nature Auteuil-la Muette 77
source naturelle 31
souris 75
sous-marin 48

souvenir 90
spectacle 13, 78, 83
square 14
square de la Madone 31
square des Abbesses 46
square du Vert-Galant 26
square Louise-Michel 47
squelette 59, 60, 67
Stade de France 9
station 16
station de métro 39, 44, 46
station de potabilisation 30
station de Vélib' 14
statue 29, 46, 56, 73, 84
statue assise de Ramsès II 40
statue de Jeanne d'Arc 38
statue de la Liberté 81

T

tableau 40
taxi 15, 16
tennis 56, 83
théâtre 42, 47, 83
théâtre de marionnettes 56
théâtre Marigny 45
Tinguely (Jean) 31
toit en zinc 14
tombe du Soldat inconnu 44, 84
tortue 61
tour Eiffel 8, 62, 66, 71, 85, 86
touriste 11, 19, 24, 47
tour Jean-sans-Peur 51

tour Montparnasse 8, 71, 84
train 17
traiteur japonais 18
tramway 16
transport 16, 20
travailler 14
Trocadéro 8
trottinette 14, 16
Tuileries 8, 38, 45
tunnel 16

U

usine 30

V

Vélib' 14, 17
vélo 14
vendeur 62
Vénus de Milo 40
Vermeer (Johannes) 41
Véronèse 40
verrière 25
Victoire de Samothrace 40
vigne 46, 72
villa 77
villa Léandre 46
Villette 9, 48
visite guidée 40
visiteur 60
vitrine 78
voilier 57
voiture à pédales 72
voiture électrique 17
vue 63, 70

Z

zèbre 60
Zénith 83
zoo 59
zoo de Vincennes 75
zouave 28

94